KB042112

책세상문고·고전의 세계

진리론

Quaestiones Disputatae de Veritate

책세상문고·고전의 세계

진리론

QUAESTIONES DISPUTATAE DE VERITATE

토마스 아퀴나스 지음
·
이명곤 옮김

책세상

일러두기

1. 이 책은 토마스 아퀴나스Thomas Aquinas의 3대 주요 저서 중 하나인 《진리론*Quaestiones Disputatae de Veritate*》의 질문 16 〈양심에 관하여De Syndersi〉와, 질문 17 〈의식에 관하여 De Conscientia〉를 옮긴 것이다. St. Thomae Aquinatis, *Opera Omnia, Quaestioes Disputatae de Veritate*(Qu. XVI & XVII)(formmann-holzboog, 1980)을 저본으로 삼았고, 프랑스의 토미스트인 장 토노Jean Tonneau의 프랑스어 번역본 Saint Thomas d'Aquin, *Questions disputees sur la verite*, Jean Tonneau (trad.)(Paris : J. Vrin, 1991)을 참고했다.

2. 직역을 원칙으로 했으나 우리말로 옮기면서 어색하거나 비문으로 번역되는 부분은 라틴어를 직역하지 않고 프랑스어 번역본을 참조하여 의역했다.

3. 본문에서 ( ) 안의 내용은 독자의 이해를 돕기 위해 옮긴이가 덧붙인 것이다.

4. 주는 모두 후주로 처리했으며, 토마스 아퀴나스의 글에서 저자의 주는 '(저자주)'로, 옮긴이의 주는 '(옮긴이주)'로 표기했다.

5. 성경의 명칭은 가톨릭 공동번역 성경에 따랐다.

6. 맞춤법과 외래어 표기는 현행 규정과 《표준국어대사전》(국립국어연구원)에 따랐다.

진리론 | 차례

들어가는 말 | 이명곤 7

양심에 관하여 21

　　제1장 양심은 능력인가 습성인가? 23

　　제2장 양심이 죄를 지을 수 있는가? 42

　　제3장 양심이 소멸할 수도 있는가? 50

의식에 관하여 57

　　제1장 의식은 능력인가, 습성인가 혹은 행위인가? 59

　　제2장 의식은 오류를 범할 수 있는가? 78

　　제3장 인간 행위의 업적들은 의식에 구속되는가? 86

　　제4장 오류의 의식은 우리를 강제하는가? 93

　　제5장 중립적인 행위에 있어서 오류의 의식은 고위 성직자의 계율보다

　　　　　더 강제적인가? 106

해제 — 절대적인 진리, 최후의 진리를 향한 중단 없는 추구 | 이명곤 113

　　1. 토마스 아퀴나스가 살았던 시대 115

　　　　(1) 격동의 13세기와 탁발 수도회 115

　　　　(2) 스콜라철학과 대학의 성립 121

　　2. 토마스 아퀴나스의 생애와 사상 131

　　　　(1) 생애와 인품 131

　　　　(2) 사상과 영성 138

　　(3) 절대론을 향한 중단 없는 여정 145

　3. 3대 주요 저서와《진리론》 148

　4. 토마스 아퀴나스 사상의 현대적 의의 151

　　(1) 도덕 판단의 제일원리로서의 양심 151
　　(2) 종합적이고 총체적인 인식으로서의 의식 159

주 165
더 읽어야 할 자료들 198
옮긴이에 대하여 204

'고칠현삼古七現三'이라는 말이 있다. 이는 어떤 일에 있어서 옛것을 일곱, 현재의 것을 셋으로 하라는 뜻으로, 고전의 중요성을 이르는 말이기도 하다. 토마스 아퀴나스Thomas Aquinas는 서양 중세 시대를 대표하는 철학자이지만, 그의 사상은 '토미즘'이라는 이름으로 여전히 현대철학자들에게 큰 영향을 미치고 있다. 아리스토텔레스의 사상을 수용하여 중세 그리스도교 사상을 체계화했으며, 오늘날에도 여전히 여러 가지 인간과 사회 문제들에 있어서 깊은 영감을 주고 있는 그의 저서들은 '고칠현삼'이라는 말에 가장 잘 어울리는 철학적 저서가 아닌가 생각된다.

대전大全의 형식으로 쓰인 그의 3대 저서는 그리스도교 교의를 사상적으로 가장 분명하게 논하고 있는《대-이교도 대전》과, 논리와 깊이를 갖춘 가장 섬세하고 방대한 '과학적 신학서'라고 일컬어지는《신학 대전》, 그리고 당시 논란의 여지가 많았던 대중적인 문제들을 다루고 있는《진리론》이다.

특히 이《진리론》은 당시의 전통적 사유들이 잘 다루고 있지 않은 깊이 있는 질문들을 다루고 있어서, 오늘날 여전히 중요한 학문적 자료를 제공하고 있다. 본 역서에서 다루고 있는 '의식'과 '양심'에 대한 사유도 마찬가지여서 심리학과 윤리학, 그리고 인간학과 사회정치학 분야에서 많은 영감을 얻을 수 있는 자료이다. 다른 대부분의 중세철학 저서들이 그러하듯이 토마스 아퀴나스의 저서들 역시 그 구성 방식이 오늘날의 단행본 형식과는 달리 철저하게 논증의 형식으로 작성되어 있어서 일반인들이 읽기에는 다소 딱딱하고 지루한 느낌을 주는 것이 사실이다. 그러나 그가 다루고 있는 주제들에 대해 깊은 관심을 가진 이들이라면 토마스 아퀴나스의 놀라운 논리적 전개와 깊이 있는 지성적 사유에 감탄하게 될 것이다.

　토마스 아퀴나스는 자신의 저술에서 그 어떤 철학자들보다 독특한 모습을 보여주고 있다. 그가 저술 활동을 시작한 것은 27세였던 1252년에《존재와 본질》을 출간하면서부터이다. 그의 주저라고 할 수 있는《대-이교도 대전》은 1259년 그가 34세 되던 해에 쓰이기 시작하여 이탈리아에 머물던 시기인 1265년에 완성되었고, 나머지《신학 대전》과《진리론》그리고 아리스토텔레스 저서에 관한 주석서들은 모두 동시에 저술이 이루어졌다. 1265년 40세 되던 해에 그는《신학 대전》과《진리론》을 동시에 저술하기 시작했고, 1267년 42

세에 아리스토텔레스의《영혼론》주석을 시작했다. 이후 그가 임종하기 전해인 1273년 48세가 될 때까지《신학 대전》제2-1권, 제2-2권, 그리고 제3권을 완성했다. 그러나《신학 대전》의 제4권에 해당하는 '부록' 부분을 사후에 제자들이 편집했음을 감안한다면 그는《신학 대전》역시 완성하지 못한 것이다. 뿐만 아니라〈정치학 주석〉처럼 몇몇 아리스토텔레스에 관한 주석서와《진리론》은 미완성이었다. 그러나 '미완성'이라는 말은 토마스 아퀴나스의 저술들에 있어서 큰 의미가 없다. 토마스 아퀴나스는 신학과 철학의 대상이 되는 모든 주제들을 하나의 '대전' 안에 망라하고 있었으며, 그가 얼마나 오래 살든 그의 대전들은 계속 이어질 것이었기 때문이다. 그가 남긴 저서를 보면 분량 면에서 30만 단어에 해당하는《대-이교도 대전》과 50만 단어의《진리론》만 합해도 아리스토텔레스의 저서 전체를 합한 분량이며, 200만 단어의《신학 대전》은 그 자체로 아리스토텔레스의 모든 저서를 합친 분량의 두 배가 넘는다.

그런데《대-이교도 대전》과《신학 대전》그리고《진리론》이 다루는 주제를 보면, 신의 존재와 속성들 혹은 이와 관련된 진리에 대한 문제, 신의 세계 창조에 관한 문제와 천상적 존재(천사들), 인간의 창조와 인간의 행위 및 행복, 지성과 인식의 문제, 윤리적인 문제(덕의 문제) 그리고 종교적 삶과 교의에 관련된 문제들의 순서로 서로 매우 유사하다고 할 수 있다. 즉 다루는 대상과 그 구성 방식이 매우 흡사하다. '대전大全'이란, 말 그대로 자신의 사상을 전체적으로 망라하고 있는 것으로 '전집'이라고 불릴 만한 것이다. 그렇다면 토마스 아퀴나스는 왜 동일한 주제를 다루고 있는 서로 다른 대전들을 세 권이나 쓴 것일까? 간단히 설명하면 그 이유는 이 세 종류의 대전들이 모두 다른 독자층을 염두에 두고 쓴 것이기 때문이다.

우선 《대-이교도 대전》은 이교도들에게 복음을 전파하는 전도사들이 보다 잘 이용할 수 있도록 철학적인 전제들로부터 어떤 종파적인 입장도 배제한 채 전체 신학적인 문제들을 망라한 것이다. 반면 《진리론》과 《신학 대전》은 대학(스콜라)에서 강의를 하면서 쓰인 것들이다. 즉 '스콜라철학'의 분위기에 가장 적합한 저서들이 이 두 대전이라고 할 수 있다.

《신학 대전》은 그 자체로 거대한 논문, 또는 다양한 논문들을 합쳐놓은 논문집이라고 할 수 있다. 당시만 해도 유럽의 가톨릭 사회에서 아리스토텔레스의 저서들은 금서 목록에 들어 있었고, 아리스토텔레스를 강의하는 것은 법으로 금지되어 있었다. 그 이유는 세계 창조, 순수 지성적인 존재(천사들), 사후 개별 영혼들의 불멸성, 그리고 사추덕 외의 신학적 덕들 등의 문제들에 있어서 아리스토텔레스의 사상은 가톨릭 사상과 일치하지 않았기 때문이다. 다만 순수하게 자연과 지성의 법칙을 문제 삼고 있는 논리학과 자연학만이 암묵적으로 연구하는 것을 허용하고 있었다. 그러나 대학이 학문의 요람으로 자리 잡으면서 점차 상황은 변해갔고, 파리대학의 인문학부에서는 제한적으로 아리스토텔레스의 저서들에 대한 연구와 강의를 허락하였다. 《신학 대전》은 바로 이러한 분위기 속에서 아리스토텔레스의 저서들에 대한 주석과 함께 쓰였다. 즉 논리학의 엄밀성과 형이상학적 명제들을 바탕으로 보다 엄밀하고 철저하게 논증적으로 쓰인 것이다. 그의 《신학 대전》이 '과학적 신학서'라고 불리는 이유가 바로 여기에 있다.

반면 분량 면에서 아리스토텔레스의 전체 저작의 반 정도나 되는 《진리론》은 출간을 위해 쓴 것이 아니다. 통상 "진리론"이라고 불리는 이 저서의 원래 제목은 "진리에 대해 논의된 문제들Quaestiones Disputatae de Veritate"인데, 이는 요즘으로 치면 '대학 강의록'이라고 할 만한 것이다. 파리의 한 도미니크회 사제인 도미니크 필립이 쓴 《토마스 아퀴나스의 전기》에 따르면 토마스 아퀴나스는 자신의 대학 강의를 세미나 형식으로 진행하였는데 그 구성원은 일반 학생들, 수도자 및 사제들, 그리고 사회적으로 저명한 인사들 등으로 구성되었다고 한다. 수업 과정은 먼저 교수가 간단한 주제 강의와 함께 '서로 대립되는 결론'을 제시하고 수강자들에게 어느 결론이 보다 적합한 것인지를 선택하게 하고 그 이유를 말하는 식으로 진행된다. 그렇게 되면 자연스럽게 서로 반대되는 견해를 가진 수강자들끼리 토론이 형성되고 최종적으로 교수가 이를 중재하게 되는 것이다. 이렇게 매 주마다 두세 가지의 주제로 강의가 진행되었다. 또한 《진리론》은 사실상 제자들의 강의 노트를 편집한 것이 대부분이다. 그도 그럴 것이 토마스 아퀴나스의 필체는 자신만이 알아볼 수 있는 속기 형식이나 암호문 같이 보여서 해독하기가 매우 어려웠다고 한다.

《진리론》의 형식을 보면 전체 12개의 논의들에 있어서 총 253개의 질문(항)들로 구성되어 있다. 첫째 논의가 "진리란 무엇인가?"인데, 이 저서가 통상 《진리론》이라고 불리는 이유가 이 때문이다. 여기서 다루고 있는 논의의 주제들은 진리와 신에게 있어서의 진리에 대한 앎, 천사와 인간, 섭리와 운명 그리고 예정설, 은총과 정의, 이성과 양심(의식) 그리고 자유의지, 감정·법열·예언·교육 등의 순서로 구성되어 있다. 토마스 아퀴나스의 저서들이 대부분 그러하듯 이 책의 집필 형식도, 매 장마다 문제가 되고 있는 주제에 대해서 '반대의 견해들', '이에 대립하는 견해들', '토마스 아퀴나스 자신의 견해', '반대의 견해들에 대한 해결책'의 순서로 구성되어 있다. 따라서 토마스 아퀴나스의 견해를 바로 알고자 하는 사람들은 매 장의 중간 부분에 위치하는 "답변 : 위의 두 대립되는 견해에 대한 토마스 아퀴나스의 견해" 부분을 먼저 읽는 것이 좋을 것이다.

《진리론》이 세미나 형식의 토론을 통해서 논의된 것을 기반으로 작성되었다는 점에서 《대-이교도 대전》이나 《신학대전》이 지니지 않는 장점을 가지고 있으며, 이는 그의 전 저서를 통하여 가장 독특한 점이 아닌가 생각된다. 그것은 '열려 있음'이라는 특징이다. 교수가 일방적으로 강의를 하는 것이 아니라 학생들, 수도자들, 일반 대중들, 그리고 종교인과 비종교인이 함께 토론을 하는 것이기에, 청중들의 개별적인 호기심을 일으키고 시사적으로 논란이 되는 것을 모두 다루고 있다. 다시 말해서 학자로서의 학문적인 관심이 아닌 일반 대중들의 관심사들, 그리고 당시의 사회적 상황으로는 다루기가 매우 까다로운 시사적인 것들에 관한 질문들을 다루고 있으며, 경우에 따라서는 논란의 소지가 있는 결론을 도출하기도 한다. 예를 들어 '창조된 진리가 바뀔 수는 없는가?', '수사들이 꼭 육체노동을 해야만 하는가?', '세계가 영원히 있다는 아리스토텔레스의 견해와 가톨릭의 창조론은 서로 상응할 수 있는가?', '지옥에도 벌레가 있는가?', '성직자들의 명령과 양심의 명령이 상충할 때 어느 것을 따라야 하는가?', '잠을 자는 동안에도 의식은 활동하는가?' 등의 다양한 질문들이 《진리론》에서 다루어지고 있기 때문이다. 토마스 아퀴나스가 자신의 강의를 이러한 방식으로 이끌어간 이유는 두 가지로 추정해볼 수 있다. 첫째는 당시에 논란이 끊이지 않고 있던 아리스토텔레스 철학에 대한 일부 성직자들의 강한 거부감을 보다 깊은 논의들을 통해서 해결해보자는 것과, 다른 하나는 당시 특권층들의 전유물처럼 여겨졌던 철학과 신학을 보다 이성적이고 과학적인 사유를 통해서 대중화하고자 했다는 것이다.

《진리론》에서 다루어지고 있는 수많은 주제들 중 어느 것이 보다 유용한 것이며 어느 것이 보다 우선적으로 읽혀야 하는 것인가에 대한 질문에는 정답이 없을 것이다. 각각의 질문들은 그 자체로 나름의 학문적 가치나 지적인 매력을 지니고 있기 때문이다. 이 중에서 '양심'과 '의식'에 관한 항목을 가장 먼저 번역한 데에는 개인적인 이유와 시사적인 이유가 있다. 개인적인 이유라면 박사학위 과정에서 이 주제를 폭넓게 논의해본 경험으로 《진리론》의 다른 어떤 부분보다 나에게 친숙하기 때문이며, 시사적인 이유로는 철학이 보다 현실의 삶에 도움을 줄 수 있는 학문이어야 한다는 차원이다.

통계를 보면 OECD 국가 중 한국 사회가 부끄러운 1위를하고 있는 것이 약 열여섯 가지 정도가 되는데, 그중에는 인구대비 자살률, 노인 및 청소년 자살률, 암 사망, 빈부 격차, 주간 평균 노동 시간, 연간 음주 소비, 이혼율, 낙태율, 사교육비 지출, 여성 흡연율, 부모 자녀 간 소통 부재, 성형수술 지출비 등 다양하다. 실로 부끄러워서 숨길 수밖에 없는 통계들이다. 이러다 보니, 경제 규모가 세계 13위를 자랑하고 있지만 행복지수는 가장 양호하게 나온 때가 세계 56위이며 저조할 때는 100위권 바깥이기도 하다. 2005년 영국의 한 연구소는 한국 사회의 행복지수가 세계 102위라는 믿을 수 없는 결과를 발표하기도 하였다.

이 모든 비극적인 사태들의 원인은 어디 있을까? 핑계 없는 무덤이 없듯이 이러한 사태들의 원인도 다양할 것이다. 그러나 가장 근본적인 원인은 한국 사회의 구성원들이 더 이상 자신의 양심의 소리를 듣지 않는다는 것에 있다고 생각한다. 왜냐하면 양심은 모든 인간 행위가 도덕적인 행위가 될 수 있도록 우리 행위에 대해서 도덕적 판단을 내려주는 내면의 소리이기 때문이며, 인간이라면 누구나 지니고 있는 '선험적인 것'이기 때문이다. 칸트의 '정언명령'에서 양심은 그 명령의 주체이다. 그러나 왜 사람들은 이러한 양심의 소리를 듣지 않는 것일까? 아마도 그것은 양심의 실체를 믿지 않거나 애써 부정하고자 하면서, 양심에 대해서 무지하기 때문이 아닐까? 토마스 아퀴나스는 인간의 '의식'은 본질적으로 양심을 기반으로 한 의식이라고 말한다. 그리하여 우리가 우리 자신을 의식하고 있는 한, 그리고 우리의 행위와 행동을 의식하는 한 우리는 양심의 소리를 듣지 않을 수 없다. '너 자신을 알라'라는 소크라테스의 엄명은 다양하게 해석될 수 있겠지만, 그중 하나는 자기 자신의 행위와 삶을 의식하며 살라는 것이다. 그렇게 된다면 우리는 양심의 소리를 들을 것이며, 나아가 부끄러운 비인간적인 행위는 하지 않을 것이다. 결국 한국 사회의 모든 불행한 사태들은 모두의 책임으로,

개개인이 전혀 자신의 행위나 삶을 의식하지 않는 것, 즉 양심의 소리에 비춰보지 않는 것에서 기인한다고 할 수 있다. 그러므로 양심이 무엇이며, 우리의 의식이 왜 양심을 그 뿌리나 지반으로 삼고 있는가를 분명하게 아는 것이 이러한 비극적인 사태로부터 벗어나는 출발점이 될 것이다.

토마스 아퀴나스가 사용하고 있는 '양심synderesi'이라는 용어는 아마도 그가 사용하는 철학 용어들 중 가장 낯선 용어일 것이다. '선과 악을 판단하는 자연적인 원리' 혹은 '윤리와 도덕적 판단의 제일원리'로서 이해되고 있는 이 용어는 당시 신학자들이나 철학자들의 사유에서 인간 영혼의 중요한 기능처럼 다뤄졌지만 대부분의 학자들은 '의식conscientia'이 '양심'을 담당하는 것으로 보았으며, 이 '양심'이라는 용어가 정확히 어디에서 기인하였으며 언제 처음 나타났는지, 구체적으로 어떤《성경》주석서에서 처음 사용하였는지, 나아가 이 용어가 정확히 무엇을 의미하는 것인지에 대해서는 분명한 견해를 가지고 있지 않았다. 양심에 관하여 논하고 있는 토마스 아퀴나스의《진리론》은 성 예레니모(†420)의《성경》주석서들을 주로 참조하고 있지만, 성 예레니모 역시도 이 양심의 실재를 '의식'과 명확하게 구별하고 있지는 않다. 그런데 토마스는 당시로서는 모호하게만 구별하고 있던 '양심'과 '의식'을 분명하게 구별하고 있으며, 또한 양심과 의식의 연관성에 대해 엄밀하게 규명하고 있다.

사실 토마스 아퀴나스의 양심에 대한 이해를 보다 쉽고 분명하게 시작하기 위해서는, 양심에 관한 주제 바로 전에 다루고 있는 열다섯째 질문인 '하위 이성ratione inferiori'과 '상위 이성ratione superiori'에 대한 논의들을 먼저 이해하는 것이 도움이 될 것이다. 왜냐하면 양심은 실천 이성과 밀접하게 관련된 것으로, 양심이 어떻게 순수하게 인간적인 것 이상의 일들에 대해서도 판단할 수 있는가 하는 문제를 해결해주고 있는 것이 곧 상위 이성과 하위 이성에 대한 논의들이기 때문이다. 토마스 아퀴나스에게 있어서 '하위 이성'이란 불변하지 않는 것들에 관여하는 이성인데, 일반적으로 인간적인 삶의 부분들과 다른 여타의 물리적인 혹은 생물학적인 것들에 대한 이해에 관여하는 것을 말한다. 반면 '상위 이성'은 불변하는 것, 즉 인간적인 것 이상의 주제들—예를 들어 사후의 삶에 관한 것이나, 천사들의 존재 혹은 천상적인 삶, 지복 등에 관한 앎들—에 관계하는 이성이다. 단적으로 말해 우리가 종교적인 삶과 관련해서 진리를 파악할 수 있는 것은 바로 상위 이성을 통해서이다. 토마스 아퀴나스가 인간 이성이 인간적인 것 이상에 대해서 알 수 있다고 생각했던 근거는 그의 '유기적인 우주론'에 근거한다. 그는 "하나의 하위적인 본성은 자신에게 가장 상승된 부분을 통해서 상위적인 본성의 가장 미소한 부분과의 접촉에 들어간다"[1]라고 진술하고 있으며, 상승된 영혼은 '육체적 질료를 가지지 않고 절대

적인 방식으로 존재하는 실체들(천사들)'에 대한 앎을 가질 수가 있다고까지 진술하고 있다.[2]

이러한 인간 이성에 대한 사유는 분명 현대철학자들에게 는 거북하며, 특히 실증주의적인 사고를 가지고 있는 이들에 게는 거부반응을 불러일으킬 것이 분명하다. 그러나 세상을 보는 눈은 그 눈 자신을 볼 수 없듯이, 그리고 숲 속에 있는 짐승이 숲 전체 모습은 결코 볼 수 없듯이 인간존재의 한 부 분인 인간의 지성은 결코 인간의 신비에 대해서 모두 파악할 수가 없을 것이다. 마찬가지로 근대철학자들의 사유와 현대 철학자들의 과학적 사유가 아무리 논리적이고 합리적이라 고 할지라도 이러한 논리성과 합리성만으로는 인간존재의 신비를 모두 파악할 수는 없는 것이다. 따라서 우리는 인간 이성에 대한 토마스 아퀴나스의 사유를 중세철학자들이 인 간존재를 바라보는 하나의 관점으로 이해해야 할 것이며, 또 한 오늘날 인간성의 위기를 보완해줄 긍정적인 사고로 바라 볼 수 있어야 할 것이다.

이러한 맥락에서 토마스 아퀴나스는 의식에 대해 논하면 서, 만일 의식이 신으로부터 기인된 것이라면 그 무엇보다도 의식을 따르는 것이 죄를 피할 수 있는 '피난처'라고 생각하 는 것이다. 토마스 아퀴나스는 의식이란 '어떤 앎을 우리의 삶의 여정에 적용하는 것'이라고 규정하면서 이를 크게 세 가지로 구분하고 있다. 첫째는 우리가 어떤 것을 했거나 빠

뜨린 것을 인정하는 것, 둘째는 우리가 어떤 것을 해야 하거나 피해야 하는 것을 판단하는 것, 셋째는 우리가 한 행위가 잘한 것인지 잘못한 것인지를 심판하는 것이다. 의식에 대한 이러한 사유는 현대인들에게 있어서는 수용하기 힘든 것인지도 모른다. 왜냐하면 현대인에게 있어서 '의식'이란 판단하는 행위라기보다는 '인지하고 있음'을 의미하며, 어떤 것을 '의식한다'는 것은 '사태에 대한 주의'를 의미하는 것이지, 도덕적인 규범으로서 옳고 그름에 대해 판단하는 것을 의미하지 않기 때문이다.

토마스에게 있어서 의식의 행위란 그것이 잘잘못을 판단하는 행위라는 측면에서 양심과 긴밀히 연관된 것이다. 인간의 의식이 필연적으로 양심과 결부된 것이라는 이러한 사고 역시 오늘날 현대인들에게는 거북한 사고일 것이다. 그러나 현대에서 스콜라철학의 관점을 공유하고 있는 사람이라면 이러한 토마스의 사유와 언어들에 대해 여전히 진지할 수 있다. 왜냐하면 윤리적·도덕적 원리들과 불가분한 인간의 의식은 그 자체로 인간 행위에 대한 존엄성을 부여하고 있으며, 자율적인 인간으로서의 진정한 토대를 마련해주고 있기 때문이다. 더 이상 자신의 의식을 양심과 결부시키고자 하지 않고 '선과 악'에 대한 사유를 외면하는 현대인의 경향성은, 어쩌면 그것이 인생에 있어서 좀 더 수월하고 가벼운 길이기 때문인지도 모른다. 그러나 항상 수월한 내리막길, 그것은 이미 영혼의 무덤을 향한 길인지도 모른다. 이러한 의미에서 우리는 토마스 아퀴나스의 '양심과 의식'에 대한 사유를 통해 인생의 여정에 진정한 이정표를 제시해주는 예언자적 음성을 들을 수도 있을 것이다.

제주 아라동 연구실에서

옮긴이 이명곤

양심에 관하여

제1장 양심은 능력인가 습성인가?[3]

우리는 이 장에서 양심에 관하여 질문하고 있다. 양심이 일종의 능력이라고 주장하는 이들의 견해에는 다음과 같은 것들이 있다.

1. 우선 사람들은 양심이 하나의 능력potentia인지 아니면 일종의 습성habitus인지를 질문하게 된다. 언뜻 보기엔 양심은 능력인 것처럼 보인다. 사실상 하나의 동일한 분야에 속하는 모든 것은 동일한 유개념에서 발생한다. 그런데 〈에제키엘〉 1장 9절에 관한 예레니모의 주석에 의하면 양심은 이성적인 영역보다는 탐욕, 성마름 등과 동일한 영역에 속한다. 따라서 이러한 것들이 능력에 속하는 만큼 양심도 하나의 능력인 것이다.

2. 사람들이 '양심은 능력을 지칭하는 것'이라고 단순하게

말하는 것이 아니라 '습성을 동반한 능력potentia cum habitu' 이라고 말하는 것이 사실이다. 그러나 그렇지 않다! 우유적 인 것을 동반하는 주체는 절대적으로 말해진 주체에 포함되 지 않는다. 예를 들어 인간의 영역과 백인의 영역을 마치 대 립되는 영역으로 분류하는 것은 정확하지 않은 분류인 것이 다. 그런데 습성과 능력 사이의 관계는 우유성(속성)과 주체 와의 관계와 같기에 사람들이 단순하게 말해서 능력이라 부 르는 것(예를 들어 이성적인 부분, 탐욕의 부분, 성마름의 부분)과, 습성을 동반한 능력이라 부르는 것은 정확하게 나눌 수가 없 다. (따라서 양심을, 습성을 동반한 능력이라고 부를 수는 없다.)

　3. 하나의 동일한 능력이 여러 가지 습성을 지니고 있을 수 있다. 따라서 만일 하나의 습성이 다른 한 습성의 능력과 구 분될 수 있다면, 능력들 안에 습성들이 있는 만큼 큰 구분의 구성 부분들이 있을 것이다. 이 경우 영혼의 제 부분들은 하 나가 다른 것들로부터 (유개념으로서) 구분될 것이다. (그러나 이는 불가능하다. 따라서 습성들은 유개념으로서 구분되지 않는다.)

　4. 하나의 동일한 것이 (자신을) 규정하거나 규정될 수 없 다. 그런데 능력은 습성을 통해서 규정된다. 따라서 하나의 동일한 용어가 동시에 하나와 다른 것을 지칭할 수 없다는 관점에서 능력과 습성은 동일한 것으로서 일치할 수 없다.

　5. 어떤 것이 뿌리를 내리고 있는 것은 오직 능력 안에서 이지 습성 안에서가 아니다. 그런데 사람들은 법의 원리들이

양심 안에 새겨져 있다고는 말하지 않는가? 따라서 양심은 하나의 능력 이상 그 어떤 것도 아니다.

6. 만일 두 가지 것을 하나로 만들 수 있다면, 이 둘 중 하나를 변형해야만 한다. 그런데 사람들이 양심이라는 말로 지칭하는 이 습성은 변형될 수가 없다. 왜냐하면 자연적인 것은 필연적으로 존재하기 때문이다. 마찬가지로 영혼의 능력들은 변모될 수가 없다. 따라서 사람들은 하나의 유일한 용어가 지칭할 수 있는 하나의 통일체를 습성과 능력으로부터 형성할 수는 없다.

7. 감각성은 양심에 대립되는 것이다. 왜냐하면 감각성은 항상 악에로 기우는 경향성을 가지고 있는 반면, 양심은 항상 선에로 기우는 경향성을 가지고 있기 때문이다. 그런데 감각성은 습성을 동반하지 않는 단적으로 하나의 능력이다. 마찬가지로 양심도 능력을 지칭하는 것이며 그 이상이 아니다.

8. 《형이상학》 제4권에서 아리스토텔레스는 "이름을 통해서 지칭된 개념은 '정의diffinitio'이다"[4]라고 말하고 있다. 따라서 정의가 획득하는 이러한 종류의 통일체를 소유하고 있지 않는 것은 유일한 하나의 이름을 통해 지칭될 수가 없다. 그런데 《형이상학》 제7권에서는 사람들이 '흰 사람'이라고 말하듯이 주체와 우유성의 집합체를 위한 정의가 있을 수 없음을 증명하고 있다. 이와 마찬가지로 능력과 습성의 집합체를 위한 정의는 있을 수 없다. 따라서 유일한 하나의 이름이

습성과 함께 능력을 지칭한다는 것은 불가능하다.

9. 상위 이성superior ratio은 오직 능력을 지칭한다. 그런데 사람들은 양심을 상위 이성과 동일한 것임을 인정하고 있다. 사실상 아우구스티누스는 《자유의지론》[5]에서 우리가 양심이라고 말하는 자연적인 판단능력에 대해서 언급하고 있는데, 이 양심의 능력에는 "참되고 불변하는 덕들의 어떤 규범들과 빛들"이 있다. 다른 한편 아우구스티누스의 《삼위일체론》 제2권[6]에 따르면 불변하는 이성들에 관여하는 것은 바로 이 상위 이성이다. 따라서 단적으로 말해 양심은 하나의 능력인 것이다.

10. 아리스토텔레스에게 있어서 영혼 안에 존재하는 모든 것은 능력이거나 습성이거나 정념passio이다. 이러한 아리스토텔레스의 분류가 적합하다고 한다면 영혼 안에는 능력이면서 동시에 습성인 것은 아무것도 없다. (따라서 양심은 능력이면서 동시에 습성일 수가 없다.)

11. 모순되는 것들은 동시에 일어날 수가 없다. 그런데 우리에게는 항상 악으로 기우는 성향을 가진 생득적인 (습성인) 탐욕이 있다. 따라서 우리에게 항상 선으로 기우는 하나의 습성이 있을 수 없다. 선으로 기우는 것은 양심이다. 따라서 양심은 습성이 아니며, 습성을 동반한 능력도 아니며, 독립적이고 완전한 능력인 것이다.

12. 행동하기 위해서는 능력과 습성으로 충분하다. 따라서

만일 양심이 생득적인 습성을 동반한 하나의 능력이라고 한다면, 이 양심이 선에로 기우는 것인 만큼 인간은 자신의 순수한 본성 안에서 선하게 행하기 위해서 그에게 필요한 것, 펠라기우스파의 이교도Pelagii haeresis를 상기하게 하는 것을 발견할 것이다.

13. 양심이 습성을 동반한 하나의 능력이라고 가정해보자. 그러면 양심은 수동적인 능력이 아니라 능동적인 능력일 것이다. 왜냐하면 양심은 어떤 특정한 작용을 소유하고 있기 때문이다. 다른 한편, 수동적인 능력은 (작용의) 요소 위에서 supra materiam 성립되는 반면, 능동적인 능력은 (작용의) 형상 위에서supra formam 성립한다. 그런데 영혼 안에는 이중의 형상duplex forma이 있다. 정신이라는 상위적인 형상을 통해서 인간은 천사와 유사하며, (생명의 원리로서의) 영혼이라는 하위적인 형상을 통해서 육체의 삶을 보장하고 있다. 따라서 양심은 상위적인 형상에 기초하거나 하위적인 형상에 기초해야만 한다. 상위적인 형상에 기초할 경우 양심은 상위 이성이 될 것이며, 하위적인 형상에 기초할 경우 하위 이성이 될 것이다. 그런데 상위 이성과 하위 이성은 단적으로 능력을 지칭하는 것이다. 따라서 양심은 능력인 것이다.

14. 만일 양심이 '습성을 동반한 능력potentiam cum habitu'의 이름이라고 한다면, 이 경우 오직 '생득적인 습성habitu innato'만이 문제일 것이다. 왜냐하면 만일 '습득된 습성' 혹은

'주입된 습성'이 문제일 경우 양심이 부재하는 것이 가능할 것이기 때문이다. 그런데 양심은 생득적인 습성을 지칭하는 것이 아니다. 따라서 양심은 하나의 능력을 지칭하는 것이지 그 이상이 아니다. 부차적인 증거는 다음과 같다. 시간적으로 이전의 행위를 가정하는 모든 습성은 생득적인 습성이 아니다. 그런데 양심은 이러한 경우(시간적으로 이전의 행위를 가정하는 경우)이다. 왜냐하면 악을 질책하고 선을 부추기는 것은 양심에 속하는 것인데, 이러한 것은 현실적으로 한 번은 선과 악이 알려진 경우에만 가능하기 때문이다. 따라서 양심은 시간 안에서 이전의 행위성을 가정하는 것이다.

15. 양심의 역할은 아마도 판단하는 것에 있을 것이다. 바로 이 때문에 사람들은 이 양심을 '자연적인 판단력naturale iudicatorium'이라고 말하는 것이다. 그런데 자유의지는 그의 이름을 판단하는 방식으로부터 취한 것이다. 따라서 양심은 자유의지와 동일시되며, 그리고 자유의지에서처럼 양심은 독립적이고 완전한 능력이다.

16. 양심이 마치 어떤 두 개가 연결된 것처럼 그렇게 '습성을 동반한 능력'이라고 가정해보자. 이는 마치 하나의 종genere에 있어서처럼, 혹은 다른 특수한 다름에 합성된 유species에 있어서처럼 논리적인 합성을 말하는 것은 아닐 것이다. 왜냐하면 능력이 습성과 가지는 관계는 종이 다름과 가지는 관계와는 다른 것이기 때문이다. 만일 그렇지 않다면 능력에

추가된 각각의 습성들은 하나의 특수한 능력을 형성하게 될 것이다. 이 경우에는 사실상 자연적인 합성을 말하는 것인데, 여기서는 아리스토텔레스가 《형이상학》 제7권7에서 증명하였듯이, 합성되는 것과 합성하는 자는 다른 것이 될 것이며 그에 따라 양심은 하나의 능력이나 습성도 아닌 다른 어떤 것이 될 것이다. 그러나 이는 불가능하다. 따라서 양심은 독립적이고 완전한 하나의 능력일 수밖에 없는 것이다.

반대의 견해 : 양심이 일종의 습성이라고 주장하는 견해들은 아래와 같다.

1. 만일 양심이 능력이라고 한다면, 이 능력은 하나의 이성적인 능력일 수밖에 없을 것이다. 그런데 이성적인 능력들은 모두 반대되는 것들로부터의 능력들이다.[8] 따라서 이러한 것이 양심일 것인데, 그러나 이는 분명 잘못된 생각이다. 왜냐하면 양심은 항상 선만을 부추기며 결코 악을 부추기지는 않기 때문이다.

2. 만일 양심이 능력(가능성, 잠재성)이라면, 이는 이성과 동일한 것이거나 다른 어떤 것일 것이다. 이는 앞서 능력이라고 주장하는 견해들의 1번에서 〈에제키엘〉에 대한 예레니모의 주석과는 다른 것이 될 것이다. 왜냐하면 예레니모의 주석에서 양심은 이성과 대립적인 것으로 간주되고 있기 때문

이다. 하나의 특수한 능력은 특수한 행위를 요청한다는 것을 감안한다면, 사람들은 양심은 이성과 다른 하나의 능력이라고 말할 수도 없을 것이다. 그런데 양심으로 간주할 행위 중 이성에 의해서 수행되지 않는 것은 하나도 없다. 사실상 선을 부추기며 악을 질책하는 것은 이성이다. 따라서 양심은 어떠한 방식으로도 능력이 될 수 없다.

3. 욕망fomes[9]은 항상 악에로 기울고, 양심은 항상 선에로 기운다. 따라서 이 둘은 직접적으로 대립하고 있다. 그런데 욕망은 하나의 습성이거나, 혹은 마치 습성처럼 보인다. 사실상 욕망은 구체적으로 말해 탐욕concupiscentia이다. 아우구스티누스[10]에 따르면 이 탐욕은 어린이들에게는 습관적인 것이며, 어른들에게 있어서는 현실적actualis인 것이다. 따라서 양심은 하나의 습성인 것이다.

4. 만일 양심이 하나의 능력이라면 이는 인식하는 것cognitiva이거나 (어떤 것을 움직이는) 동인motiva일 것이다. 양심의 행위가 선을 부추기고 악을 질책하는 것이기에 인식의 능력이 아니라는 것은 변함이 없다. 따라서 만일 양심이 능력이라면 이는 (어떤 것을) 움직이게 하는 능력일 것이다. 그런데 이는 분명히 오류이다. 왜냐하면 움직이게 하는 능력들은 성마름, 탐욕적인 것, 이성적인 것 등에 적합하게 구분되어 나뉜다. 그러나 위에서 말한 것처럼 양심은 이러한 것들에 대립한다. 따라서 양심은 어떠한 방식으로든 능력이 아니다.

5. 영혼의 실천적인 부분에서의 양심처럼, 영혼의 사변적인 부분에서의 지성에는 어떠한 실수도 있을 수 없다. 그러나 《니코마코스 윤리학》 제6권에서 아리스토텔레스는 원리들의 지성은 하나의 습성이라고 한다. 따라서 양심도 습성인 것이다.

답변 : 위의 두 대립되는 견해에 대한 토마스 아퀴나스의 견해

이러한 질문들에 대해서는 다양한 견해가 있다는 것을 말해야만 할 것이다. 어떤 이들에게 있어서[11] 양심은 분명히 하나의 능력인데, 이 능력은 이성과는 구분되며 이성보다 상위의 능력이다. 다른 사람들에게 있어서는[12] 양심은 하나의 능력임이 분명하지만, 사실상 이성과 동일한 것이다. 물론 언젠가는 달라진다는 것을 전제로 하고 있다. 가령 이성으로서의 이성에 대한 관점이 있다. 즉 논리적 사유와 추론을 통해서 가지게 되는 것으로서의 이성을 말하는데, 이는 사람들이 이성적인 능력들이라고 말하는 것이다. 그런데 본성으로서의 이성이 있다. 즉 이 이성은 어떤 자연적인 앎들을 가진 것으로서의 이성을 말하는데, 이를 사람들은 양심이라고 부르는 것이다. 그 밖에 다른 사람들은[13] 양심을 어떤 자연적인 습성을 지닌 이성적인 능력 그 자체라고 말하고 있다. 바로

이 능력에서 사람들은 진리의 가장 큰 부분을 발견하는 것이다. 아래에서 우리는 이를 알게 될 것이다.

데니스Denys는 이에 대해《신성한 이름들De divinis nominibus》의 7장에서 "신성한 지혜가 시작하는 것들에 있어서 계속되는 것들을 이전의 끝부분들에 결합시킨다"라고 진술했다. 사실상 하위적인 것이 그의 가장 높은 부분을 통해서 상위적인 것의 가장 낮은 부분과 접촉하는 연속된 육체들과 동일한 질서 안에서, 그 어떤 것들은 다른 어떤 것들과 관계하게 된다. 이러한 국면에서 보자면 하위적인 본성은 하나의 불완전한 참여의 방식으로, 그의 최상위적인 부분을 통해서 보다 상위적인 것을 형성하고 있는 고유한 본성과 접촉하게 되는 것이다.[14] 그런데 만일 우리가 자연적인 앎의 형태에서 고려하자면, 인간의 영혼은 천사적인 본성에 대해 하위적인 것이다. 왜냐하면 천사의 본성에 고유한 자연적인 앎의 형태는 탐구나 앎의 과정 없이 (즉 직관적으로) 진리를 아는 것이다. 반면 인간 영혼의 고유함은 하나의 하위적인 앎에서 다른 것으로 나아가는 탐구의 과정을 통해서 진리에 대한 앎에 도달하는 것이다. 바로 이러한 관점으로부터 인간의 영혼은 자신에게서 정점에 달하는 그것을 통하여 천사적인 본성의 고유함과 접촉하게 되는 것이다. 이러한 천사적인 본성의 고유함이란 어떤 것을 탐구의 과정 없이 단박에 알게 된다는 것인데, 이 경우 역시 인간의 영혼은 감각들의 도움 없이는 진리를 알 수 없다는 사실에 있어서 여전히 천사적인 본성보다 하위적인 것으로 발견되는 것이다.

그런데 천사의 본성 안에서는 이중의 앎이 발견된다. 하나는 '사변적인 앎speculativa'인데, 이를 통해 실재 그 자체의 진리를 단순하게 그리고 절대적으로 파악하는 것이다. 다른 하나는 '실천적인 앎pratica'으로, 천사들의 존재를 인정하는 철학자들에 의하면 천사들이 '천구orbium'를 움직이는 동인일 뿐 아니라 천사들의 '선천적인 개념들praeconceptione' 안에는 모든 자연적인 형상들이 생득적으로 있다는 것이다. 나아가 천사들의 존재를 인정하는 신학자들에 의하면 천사들은 그들의 질서에 따라서 그들의 영성적인 기능들 안에서 신에게 봉사하고 있다. 따라서 이처럼 인간의 본성이 천사들의 본성과 인접해 있는 만큼 인간의 본성은 사변적인 것뿐 아니라 실천적인 분야에서도 진리를 가질 수 있어야 한다. 이 앎은 탐구의 마지막에 나타나는 그러한 앎이 아니며, 이후의 모든 앎들의 원리가 되는 그러한 앎이어야 한다. 사변적이든 실천적이든 다른 원리들에게 확실성과 안정성을 가져다주는 그러한 앎이다. 바로 이 때문에 이러한 앎이 인간 안에서 자연적으로 발견되어야 하며, 이러한 앎은 말하자면 이후의 모든 앎의 '근원seminarium'이 된다. 다른 한편 모든 자연적인 작용들과 이들에 '선先-존재하는praeexistant' 어떤 자연적인 원인들 안에서, 그리고 이 작용들에 뒤따르는 결과들 안에서 역시 근원이 된다. 이 앎이 필연적인 적용들에 대해 완전히 준비되어 있다는 점에서 이 앎은 '습성적인 것habitualem'이어야 한다. 따라서 인간의 영혼은 자신에게 사변적인 학문들의 원리들을 알게 하는 일종의 자연적인 습성, 즉 우리가 '원리들의 지성intellectum principiorum'이라고 부르는 것을 가지고 있는 것과 마찬가지로, 자신 안에 실천적인 원리들의 자연적인 습성을 가지고 있는 것이다. 다시 말해 '자연적인 권리iuris natualis'의 보편적인 원리들이라는 양심에 속하는 습성을 지니고 있는 것이다. 그런데 최소한 우리가 지성을 통해 이성과 구별되는 능력을 만들어내지 않는 한, 이성 외에 어떠한 능력도 이러한 습성을 제시하지 않는다. 우리는 앞서 지성이 이성과 구별되는 능력일 수 없다는 것을 말한바 있다.[15]

결국 양심이라는 것은 원리들의 습성과 유사한 자연적인 습성이거나, 이러한 습성을 지니고 있는 이성의 능력이라고 할 수 있다. 우리가 이 둘 중 어떤 것을 선택하든지 그것은 그리 중요한 것이 아니다. 왜냐하면 결정하지 못하고 있는 것은 단지 '명목상의 의미nomonis significationem'에 지나지 않기 때문이다. 사람들이 양심을, 자연적으로 알게 되는 '이성적인 능력 그 자체'라고 부른다 해도 이는 결국 어떤 습성 없이는 불가능하다. 왜냐하면 이성에게 있어서 자연적으로 알게 되는 것은 오직 어떤 특정한 자연적인 습성의 덕분으로 가능하다는 것을, 원리들의 지성의 경우에서 분명하게 보았기 때

문이다.[16]

해결책 : 양심이 능력이라고 주장한 앞의 견해들에 대한 답변들

1. 하나의 동일한 분할이 되기 위해서는 그것이 유적인 것이든 우유적인 것이든 어떤 공통적인 원인 아래에서 제 요소들이 통합되어야 한다.[17] 양심이 세 가지 능력에 대립하는 네 가지 요소들의 분할 안에서 만일 이 네 가지 요소들이 구별되는 것이라 하더라도[18], 이는 이들이 통합되는 공통된 능력 때문이 아니라 동인의 원리 때문이다. 따라서 양심이 능력인 것이 아니라 일종의 운동의 원리라는 것이 도출된다.[19]

2. 우유적인 것(속성적인 것)accidens이 자연스럽게 주어지는 경우가 아니라, 어떤 특정한 것을 주체subiecto로부터 획득할 때 우유적인 것과 주체의 대립적인 분할이라는 것이 전혀 이상하지 않다. 혹은 외관이 육체적인 실재들의 종류로 고려되지 않고서는 색이 칠해졌다고 말할 수 없는 수학적인 실재인 만큼, 마치 내가 색이 칠해진 표면을 절대적으로 고려된 외관과 구분하듯이 그렇게 절대적으로 고려된 주체에게 첨가된 우유성을 주체가 덧입고 있는 것이다. 이와 마찬가지로 이미 앞서 말한바 있듯이, 이성은 인간적인 형식에 따른 앎을 지칭하지만 자연적인 습성을 통해서 이성은 다른 한 종류

의 조건에로 이행한다.[20] 따라서 운동의 원리가 분할된 하나의 분할 안에서 습성habitus이 능력potentia으로부터 대립하여 그 자체 분할되었거나, 절대적으로 고려된 능력이 습성을 타고난 것으로서의 능력으로부터 대립하여 분할되었다는 사실을 부정할 수는 없는 것이다.[21]

3. 이성적인 능력들 안에서 발견되는 다른 습성들은 동일한 운동의 형식을 지니고 있다. 이 형식들은 이성으로서의 이성을 특징짓고 있다. 바로 이러한 이유로 습성들은 이성에 대립하는 것으로서의 '대립'을 통해서 구별되는 것이 아니다.[22] 이처럼 사람들이 양심을 지칭하는 자연적인 습성도 마찬가지이다.

4. 사람들은 마치 습성과 능력이 동일한 것인 것처럼 '양심은 능력이며 습성'이라고 말하지 않는다. 양심의 유일한 이름은 '습성을 갖춘 능력'이다.[23]

5. 어떤 것이 다른 어떤 것 안에 기입되었다는 것은 두 가지 방식으로 이해될 수 있다. 첫째, 하나의 주체 안에 기입된 것을 고려할 수 있는데, 이 경우 영혼 안에는 능력이라는 관계가 아니라면 그 어떤 것도 기입될 수가 없다. 둘째, 하나의 그릇 안에 기입된 것을 고려할 수 있는데, 이 경우는 그 어떤 것도 기입될 수가 있다. 습성의 경우가 이러한 것이다. 이러한 의미에서 우리는 기하학적인 것 그 자체 안에, 기하학으로부터 나타나는 모든 세밀함까지 기입되어 있다고 말하는

것이다.

6. 두 가지 다른 요소들이 섞여서 하나의 통일체를 형성하는 것을 설명할 때 이러한 논의는 매우 효과적이다. 그러나 이는 습성과 능력이 단 하나를 이루고 있다는 것을 말하는 것이 아니다. 이는 다만 우유성과 주체의 관계ex accidente et subiecto의 형식을 말하는 것이다.

7. 만일 관능성sensualitas이 항상 악malum에로 기운다고 한다면, 이는 욕망에로의 타락을 함의하고 있다. 이 타락은 하나의 욕망을 자극하는 습성으로서의 타락이다. 이와 마찬가지로 양심이 항상 선에로 기울어야 하는 것은 하나의 특정한 자연적인 습성에 있어서 그러하다.[24]

8. 엄밀하게 말해서 '백인'이라는 것은 제 실체substantia들의 정의들에 있어서처럼 본질적으로 하나인 실재를 의미하는 것으로 정의될 수는 없다. 그러나 사람들은 본질적이지 않은 하나의 정의를 통해서 백인을 정의할 수는 있는데, 이는 주체와 우유성의 통일이 어떤 비본질적인 것일 경우이다. 그에게 하나의 유일한 이름을 부여하기 위해서는 이 통일체만으로 충분하다. 바로 이 때문에 아리스토텔레스는《형이상학Metaph》(제7권 4, 1029b 27)에서 하나의 유일한 이름으로서 주체와 우유성 모두를 지칭할 수 있다고 한 것이다.

9. 사람들은 양심을 통해서 상위 이성이나 하위 이성을 말하는 것이 아니라, 이 두 지성 모두에게 공통되는 하나의 실

재를 말하는 것이다. 사실상 엄밀하게 말해 법에 대한 보편적인 원리들의 습성 안에서 어떤 것들은 영원한 이성으로부터 발생한다. 가령 신에게 복종해야 한다는 것 등이다. 다른 어떤 것은 하위 이성으로부터 발생하는데, 예를 들면 이성에 적합하게 살아야 한다는 등이다. 그런데 양심과 상위 이성은 불변하는 실재들에 대해 각자의 태도를 지니고 있다. 다음과 같은 이유 때문이다. 불변하는 것의 본성으로서의 '불변성'이 있는데, 이는 신성한 실재의 경우이다. 이 때문에 우리는 상위 이성은 불변하는 실재들에 관여하고 있다고 말하는 것이다. 다른 한편으로 하나의 진리의 필연적인 특성으로서의 '불변성'이 있는데, 이러한 불변성은 변화에 놓여 있는 실재들의 영역에 있는 것이다. 예를 들면 '전체는 항상 부분보다 크다'는 진리는, 변화하는 사물들의 영역에서조차 불변하는 것이다. 바로 이러한 방식으로 우리는 양심이 불변하는 것에 관여하는 것이라고 말하는 것이다.

10. 영혼 안에 있는 모든 것이 단지 습성이거나, 혹은 단지 능력이거나, 혹은 단지 정념이라 할지라도 영혼 안에서 이름을 가진 모든 것이 이러한 것들 중 하나인 것은 아니다. 사실상 실제로 구별되는 제 사물들이 이성에 의해서 하나로 수렴될 수 있으며, 유일한 하나의 이름 아래에서 지칭될 수 있다.

11. 악malum에로 기우는 이 생득적인 습성은 영혼의 하위적인 부분에 속하는데, 이 하위적인 부분을 통해서 영혼이

육체와 결합한다. 반면 자연적으로 선bonum에로 기우는 습성은 상위적인 부분으로부터 발생한다. 바로 이러한 이유로 서로 반대되는 이 두 습성은 동일한 주제에 대해 동일한 관계로서 작용하지 않는 것이다.[25]

12. 능력에 결합된 습성은 자신의 고유한 행위를 하는 데 있어서 충분하다. 그런데 사람들이 '양심'이라는 말로 지칭하는 자연적인 습성의 행위는 악惡을 질타하고 선善을 부추기는 것에 있다. 그렇기 때문에 이 (양심의) 행위는 인간의 능력인 것이다. 그렇다고 해서 인간이 칭송받을 만한 행위를 할 수 있는 능력을, 자신에게 주어진 '순수하게 자연적인 재원들puris naturalibus possit' 안에서 발견할 수 있다는 것을 말하지는 않는다. 사실상 이러한 이유로 펠라기우스파의 '불신앙impietatis'은 오직 본성의 능력에 해당되는 것으로 간주되는 것이다.[26]

13. 능력이라고 여겨지는 양심은, 능동적인 능력보다는 수동적인 능력을 지칭하는 것처럼 보인다. 그런데 수동적인 능력과 대비되는 능동적인 능력을 구분해주는 것은 하나의 작용을 실행한다는 사태가 아니다. 만일 그렇다면 능동적이든 수동적이든 모든 영혼의 능력들은 하나의 작용을 실행한다는 이유로 능동적인 능력일 수밖에 없을 것이기 때문이다. 사실상 능동적인가 수동적인가의 이러한 구분은 능력의 대상들에 대한 비교를 통해서 이루어진다. 만일 어떤 능력에

대해서 그 작용 대상이 수동적인 것이라면, 그리하여 하나의 변형이 뒤따른다면 이러한 능력은 능동적인 능력일 것이다. 이와 반대로 대상이 능력에 대해 동인動因의 역할을 한다면 이 능력은 수동적인 능력인 것이다.[27] 이러한 논의로부터 영혼의 모든 식물적인 능력들potentiae vegetabilis은 능동적인 능력들이다. 음식은 영혼의 능력을 통해서 변모되기 때문이다. 즉 영양을 섭취하고 성장하며, 생식을 하는 것이다. 반면 영혼의 모든 감각적인 능력은 자신들의 대상을 통해서 움직이고 현실화된다는 점에서 수동적인 능력이다. 지성의 경우에는 능동적인 능력과 수동적인 능력이 모두 발견된다. 사실상 지성을 통해서 '가능성(잠재성) 중의 지성적인 것intelligibile potentia'이 '현실적인 지성적인 것intelligibile actu'으로 되는 것이다.[28] 이러한 것은 곧 능동 지성의 능력이다. 이처럼 능동 지성intellectus actu은 하나의 능동적인 능력이다. 나아가 현실적인 지성적인 것을 통해서 잠재성 중의 지성이 현실적인 지성이 되는 것이다. 이처럼 가능 지성intellectus possibilis은 하나의 수동적인 능력이다. 그런데 습성의 주체는 능동 지성이기보다는 가능 지성이라는 것으로 알려져 있다. 이처럼 자연적인 습성을 지니고 있는 능력은 능동적인 능력이기보다는 수동적인 능력인 것이 분명하다.

어쨌든 만일 우리가 (양심의 능력이) '하나의 능동적인 능력일 수 있다'라고 주장한다 할지라도, 이를 통한 이후의 추론은 정확하지는 않을 것이다. 왜냐하면 영혼이 그의 본질을 통해서 정신인 것이며 그의 본질을 통해서 육체의 형상인 것이지, 다른 어떤 첨가를 통해서가 아니기 때문에 영혼 안에는 오직 하나의 형상만이, 즉 그의 본질만 있을 뿐이기 때문이다. 이러한 이유로 상위 이성과 하위 이성은 두 형상들에 적용되는 것이 아니라 유일한 하나의 영혼의 본질에 적용되는 것이다. 그러나 하위 이성이 육체의 형상으로서 영혼의 본질에 대해서 정초된다는 것은 올바른 표현이 아니다. 사실상 오직 제 육체적 기관들에 연결된 능력들만이 이러한 방식으로(육체의 형상으로서) 영혼의 본질에 대해 정초되는 것이다. 그런데 이는 하위 이성의 경우가 아니다. 그리고 양심이라는 이름으로 지칭된 이러한 능력이 상위 이성이나 하위 이성과 동일한 것이라고 인정한다 하더라도, 이성의 이름으로 절대적으로 고려된 이성의 능력을 지칭하는 것을 방해하지는 않으며, 이 동일한 능력을 이 능력들과 분리 불가능한 '습성을 동반한 능력'을 의미하는 양심이라고 지칭하는 것을 방해하지도 않는다.[29]

14. 현실적인 앎은 가능태potentia(능력) 혹은 양심의 습성에 대해 우선적이지 않으며, 그의 행위에 대해 우선적이다. 따라서 어떤 것도 양심의 습성이 생득적이라는 것을 부정하지는 않는다.[30]

15. 두 가지 종류의 판단이 있다. 하나는 보편적인 것에 대

한 판단으로 이는 양심으로부터 발생하는 것이다. 다른 하나는 개별적으로 해야 할 것에 대한 판단인데, 이는 선택에 대한 판단이며 자유의지에 속하는 판단이다. 따라서 사람들은 이 두 판단을 동일한 것이라고 증명하지 않은 것이다.

16. 육체적이고 자연적인 합성은 다양한 방식으로 나타난다. 사실상 이러한 요소들로부터의 복합적인 구성이 있다. 아리스토텔레스(《형이상학》제7권 17, 1041b 11)가 복합적인 것의 형상과 이러한 요소들의 형상이 완전히 구별되어야 한다고 말한 것은 이러한 종류의 합성에 관한 것이다. 그런데 실체적인 형상과 질료의 합성이 있다. 이 형상으로부터 질료와 형상에도 낯설지 않고, 마치 부분들에 대한 전체처럼 질료와 형상들을 지지하는 제3의 특수한 형상이 야기되는 것이다. 그런데 여전히 주체와 우유성(속성)의 합성이 있는데, 이 두 구성 요소는 제3의 형상을 야기하지는 않는다. 이러한 것이 바로 능력과 습성의 합성인 것이다.

제2장 양심이 죄를 지을 수 있는가?

우리는 이 둘째 장에서 양심이 죄를 지을 수 있는지를 묻고 있다. 양심이 죄를 지을 수 있다고 주장하는 이유들에는 다음과 같은 것들이 있다.

1. 양심이 죄를 지을 수 있는 것 같다. 왜냐하면 〈에제키엘〉 1장 9절에 대한 예레니모의 주석을 보면 "가끔 우리는 양심이 심연의 어둠 안에 내던져지는 것을 본다"라고 쓰여 있기 때문이다. 실천적인 영역에 있어서 이러한 진술은 죄를 짓는 것으로밖에 달리 이해할 수 없다. 따라서 양심은 죄를 지을 수 있다.

2. 엄밀하게 말해서 죄를 짓는 주체는 습성도 아니고 능력도 아니며 사람이다. 왜냐하면 어떤 행위를 산출한 자는 개인들 자신이기 때문이다. 어쨌든 사람들은 습성이나 능력의 행위들로부터 인간이 부추김을 받는다는 의미에서, 어떤 습성이나 능력으로부터 죄를 짓는다고 말하는 것이다. 그런데 〈요한복음〉 16장 2절에 "어떤 사람이 당신을 죽이고 하느님에게 봉사한다고 생각하는 시간이 올 것이다"라고 쓰여 있다시피, 인간은 가끔 양심의 행위를 통해서 죄를 짓도록 부추김을 받을 것이다. 이처럼 복음서에서 말하는 어떤 상황에서는, 하느님께 영광을 드린다는 판단으로 인해 사도들을 죽이게 될 것이다. 이러한 판단은 의심의 여지 없이 양심으로부터 발생하는 것이다. 따라서 양심은 죄를 짓는 것이다.

3. 〈예레미야〉 2장 6절에는 "멤피스의 자식들이 너의 머리 끝까지 더럽혔다"라고 쓰여 있다. "그의 죄악이 너의 머리에 떨어졌다"라는 〈시편〉 7장 17절의 주해에 의하면 여기서 머

리끝이란 영혼의 최상위 부분을 의미한다. 즉 영혼의 최상위 부분을 의미하는 양심에 관련된 것이다. 따라서 죄를 통하여 악마가 양심을 더럽히는 것이다.[31]

4. 아리스토텔레스[32]에 의하면 이성적인 능력은 대립하는 것들의 능력이다. 양심의 능력이 이성적인 능력인 만큼 양심은 대립하는 것들의 능력이다. 따라서 양심은 선을 행할 수도 있지만 죄를 지을 수도 있다.

5. 대립하는 것들은 자연적으로 하나의 유일하고 동일한 것의 주위에서 만나게 된다. 덕과 죄는 반대되는 것들이다. 따라서 만일 양심 안에 선에로 기우는 덕의 행위가 있다면, 마찬가지로 악의적인 행위가 있을 것이다.

6. 실천적인 영역에 있어서 양심은, 사변적인 영역에 있어서 지성이 제일원리인 것과 같다. 그런데 사변적인 이성의 모든 작용들은 그의 근원을 제일원리들에서 취한다. 따라서 실천 이성의 모든 작용은 양심으로부터 출발하며, 만일 실천 이성의 업적이 덕스러울 때 이를 양심에 귀속시킨다면, 마찬가지로 실천 이성의 업적이 악의적일 때 사람들은 이를 양심에로 귀속시킬 것이다.

7. 고통은 죄악에 따른 결과이다. 단죄받은 이들은 양심을 포함한 영혼 전체에 고통이 뒤따른다. 따라서 양심 역시도 죄를 짓는 것이다.

반대의 견해 : 양심이 죄를 지을 수 없다고 주장하는 견해들은 아래와 같다.

1. 선善이 악惡보다는 더 순수할 수 있다. 왜냐하면 다른 어떤 것이 전혀 섞여 있지 않는 하나의 선이 있을 수 있는 데 비해, 악에는 결코 선이 섞여 있지 않을 수 없기 때문이다.[33] 그런데 우리에게 있는 어떤 욕망은 항상 악을 부추긴다. 따라서 우리에게는 항상 선을 부추기는 어떤 것이 있을 것이다. 우리는 이러한 것을 양심 이외에 다른 것에서 찾아볼 수가 없다. 따라서 양심은 결코 죄를 범하지 않는다.

2. 자연적으로 현존하는 것은 항상 현존한다. 그런데 양심이 악에 대항하여 요청하는 것은 자연스러운 것이다. 따라서 양심은 결코 악에 동의하지 않을 것이다. 즉 양심은 결코 죄를 범하지 않는다.

답변 : 위의 두 대립되는 견해에 대한 토마스 아퀴나스의 견해

모든 것에 있어서 자연의 작품들은 선한 의도를 지니고 있다고 말해야 하며, (자연은) 자연적인 작용을 통해서 이루어지는 모든 것을 보전하려고 한다고 말해야 한다. 바로 이 때문에 그들의 모든 작품들 안에서 원리들은 항상 지속적이고 불

변하는 것이며, 그들의 교정(자연정화)을 유지하는 것이다. 아리스토텔레스는 "원리들은 영원히 불변한다"고 《자연학*physicorum*》[34]에서 말하고 있지 않는가. 사실상 원리들이 우선적으로 확실하게 정립되지 않는다면, 이 원리들로부터 발생하는 그 어떤 것도 안정되거나 확립되지도 않을 것이다. 이로부터 우리는 모든 변화하는 것은 불변하는 제일원리를 가정하고 있다고 말할 수 있다. 또한 모든 사변적인 앎은 모든 오류가 배제된 절대적으로 확실한 하나의 앎의 유형으로부터 파생된다고 말할 수 있다.[35] 앎은 보편적인 제일원리들에 대한 앎이며, 이 원리들의 빛을 통해서 모든 다른 앎들이 조정이 되며, 이 원리들 덕분에 모든 진리들이 알려지며 모든 오류들이 제거되는 것이다. 이후의 모든 앎 안에서 모든 확실성들이 이 빛 안에서 보존되며 어떠한 오류도 발생할 수 없을 것이다.

이러한 사실로부터 인간 행위의 영역에서 어떤 견고함이 있다고 말하고자 한다면, 여기에는 필연적으로 견고한 올바름으로부터 존재하는 지속적인 원리가 있어야만 한다. 이 견고함을 통해서 다른 모든 인간적인 행위들이 검토될 수 있으며, 그 결과 이 동일한 지속적인 원리를 가지고 모든 악에는 저항하고 모든 선에는 '예'라고 말하는 것이다. 바로 이러한 원리가 양심인데, 양심의 역할은 모든 악에 저항하며 선을 부추기는 것이다. 따라서 우리는, 양심은 죄를 지을 수 없음을 지지할 수 있는 것이다.[36]

해결책 : 양심이 죄를 지을 수 있다고 주장한 앞의 견해들에 대한 답변들

1. "심연의 어둠 속에 떨어진다"는 것은 보편적인 지평에서의 양심의 사태가 아니다. 하나의 실수가 개입하는 것은 보편적인 원리를 구체적인 하나의 사태에 적용하는 데서 발생하는 것이다. 이러한 실수는 논증의 악습, 혹은 그릇됨(오류)의 수용을 통해서 발생하는 것이다. 바로 이 때문에 텍스트(《성경》)는 양심을 말하고 있는 것이 아니라, 양심의 보편적인 판단을 구체적인 작용들에 적용하는 의식이 (심연에) 떨어진 것을 말하는 것이다.[37]

2. 삼단논법이 하나는 참이지만 다른 하나는 오류인 두 가지 전제로부터 하나의 잘못된 결론에 도달할 때, 결론의 오류는 타당한 전제의 책임이 아니라 잘못된 전제의 책임이다. 따라서 사도들을 죽인 살인자들이 '신에게 영광을 드린다'고 판단했을 때 이 판단의 사악함은 양심의 보편적인 판단에서 기인한 것이 아니라, 사도들의 죽음에서 신의 마음에 드는 행위를 본 상위 이성의 잘못된 판단에서 기인한 것이다. 따라서 그 살인자들이 양심의 사태에 의해서 죄를 짓도록 부추김을 받았다는 것을 수용하는 것은 불가능하다.

3. 머리의 정상頂上이 육체의 최상위 부분이듯이 사람들

은 영혼이 정신의 최정상이라고 말한다. 그리고 영혼의 부분을 구분할 여러 가지 방법이 있는 만큼 사람들은 영혼에게는 다양한 정상이 있다고 믿고 있다. 지성적인 부분과 감각적인 부분을 구분했을 때 모든 것에서 가장 첫째(최정상)는 영혼이라고 말할 수 있다. 만일 우리가 이러한 구분을 지성의 부분에 적용하고자 한다면, 상위 이성과 하위 이성 중에서 상위 이성이 영혼의 정상으로 구분될 수 있다. 여전히 이성을 자연적인 판단naturale iudicium과 합리적인 심의rationis deliberationem로 구분하고자 한다면, 우리는 '자연적인 판단'이 정상이라고 할 수 있다. 따라서 영혼 정상까지 더럽혀졌을 때의 정상이란, 양심이 아니라 상위 이성이라고 이해해야만 한다.

4. 이성적인 능력은 그 자체 반대되는 것들(대립하는 것을 구별하는 것)의 능력이지만 가끔 이성은 습성 덕분에—특히 완전한 습성habitus completus이라면—유일한 하나의 종국에 도달할 수 있다. 그런데 우리는 양심을 단순히 이성적인 능력으로 이해하는 것이 아니라, 매우 확실한 하나의 습성에 의한 완전한 능력potentiam perfectum으로 이해하는 것이다.

5. 양심의 행위는 엄밀히 말해 덕스러운 행위 안에서 이루어지는 것이 아니라 덕스러운 행위보다 선행하는 것이다. 이는 마치 자연적인 질서가 선천적 덕과 후천적 덕들에 전제되는 것과 같은 것이다.

6. 그 근원을 제 원리들로부터 취함에도 불구하고 사변적

인 영역에서 생기는 논증의 오류는 제일원리들에서 기인하는 것이 아니라, 이 원리들의 잘못된 적용에서 기인한다. 이는 실천적인 영역에서도 마찬가지다. 따라서 (양심이 죄를 지을 수 있다는 앞의) 추론은 유효하지 않다.

7. 《삼위일체론》의 제7권에서 아우구스티누스는 위의 논증의 약점을 보여주고 있다. 그는 오직 하위 이성 때문에 인간 전체가 단죄받았다고 말하고 있는데, 그 이유는 상위 이성과 하위 이성은 엄밀하게 말해서 죄를 범할 수 있는 동일한 개인에게 속하기 때문이다. 그러므로 징벌은 능력에게 주어지는 것이 아니라 개인에게 주어지는 것이다. 물론 능력이 개인에게 속하는 것인 만큼 능력에게도 징벌이 주어지는 것이라면 예외일 것이다. 사실상 한 개인이 범한 죄에 있어서 오직 존재의 한 부분una sui parte만이 이 죄에 참여하지만 처벌을 받아야 할 것은 개인이다. 이는 죄를 짓는 그 부분과 함께 죄를 이루게 한 모든 것을 고려한 것이다. 다른 한편 이러한 것은 세속적인 재판권에서도 동일하게 적용된다. 한 인간이 자신의 손으로 살인을 범했다 하더라도 처벌을 받는 것은 오직 손뿐이 아니다.[38]

제3장 양심이 소멸할 수도 있는가?

우리는 이 셋째 장에서 어떤 사람들에게는 양심이 소멸할 수도 있는가를 묻고 있다. 양심이 소멸할 수 있다는 주장들의 근거는 다음과 같다.

1. 그런 것 같다. 〈시편〉의 다음 구절(13장 1질) "그들은 타락하였다. 그들은 가증스러운 행위들을 한다"에 관하여 "타락이란 모든 이성의 빛이 박탈된"이라는 주해[39]가 있다. 양심의 빛은 곧 이성의 빛이니까, 어떤 이들에게 있어서는 양심이 소멸하는 것이다.

2. 이교도들은 자신들이 믿음을 저버린 것에 대한 어떠한 양심의 가책도 가지지 않는다. 여기서 이 믿음을 저버린 것은 분명 하나의 죄이다. 따라서 이들에게 있어서 죄에 대해 저항하는 기능을 가진 양심이 소멸한 것 같다.

3. 아리스토텔레스의 《니코마코스 윤리학》제7권(8, 1151a 14)에 의하면 사악한 습성에 의해서 사람들은 행위의 원리들까지도 타락시킬 수가 있다. 그런데 행위의 원리들은 양심으로부터 발생한다. 따라서 누구든 사악한 습성을 가진 자에게 있어서는 양심이 소멸할 수도 있는 것이다.

4. 〈잠언〉 18장 3절에 "그들은 빈정대고, 부도덕하고, 죄의 심연에 도달하였다"고 쓰여 있다. 그런데 이 경우 〈에제키

엘〉1장 9절에 대한 예레니모의 주석을 보면 "양심이 자신의 자리를 상실한 것이다." 따라서 어떤 이들에게는 양심이 소멸한 것이다.

5. 지복자至福者들에게 있어서는 악에 대한 모든 경향성이 소멸하였다. 이와 반대로 지옥에 떨어진 사람들에게 있어서는 선에 대한 모든 경향성이 소멸한 것이다. 양심이 선에로 기우는 것이니까, 이들(지옥에 떨어진 자)에게 있어서는 양심이 소멸한 것이다.

반대의 견해 : 양심이 소멸할 수 없다고 주장하는 견해들은 아래와 같다.

1. "그들의 구더기는 죽지 아니하고"라는 〈이사야〉 66장 24절을 설명하는 아우구스티누스는 그의 논의에서[40] 의식의 구더기, 즉 양심의 가책에 대해 이야기하고 있다. 그런데 이 양심의 가책은 양심이 악에 대해 저항하고 있는 사태에서 기인한다. 따라서 양심은 소멸한 것이 아니다.

2. 가장 깊은 심연에 있는 죄인들 가운데 성령에 반하는 죄인에게는 '절망desperatio'이 있다. 그러나 이렇게 절망한 사람들에게조차 양심은 소멸한 것이 아니다. 〈에제키엘〉 1장 9절에 대한 예레니모의 주해서는 이를 잘 보여주고 있는데, 그는 여기서 양심과 관련하여 "카인에게조차 양심은 소멸한 것

이 아니다"라고 말하고 있다. "용서받기에는 나의 죄악이 너무나 큽니다"라는 〈창세기〉 4장 13절의 카인의 고백에 대해 예레니모는 카인이 절망하였다고 논하고 있다. 따라서 양심은 소멸할 수 없는 것이다.

답변 : 위의 두 대립되는 견해에 대한 토마스 아퀴나스의 견해

양심의 소멸이라는 것은 두 가지 방식으로 이해될 수 있다고 말해야 한다. 만일 양심의 소멸이 습성의 빛 그 자체의 소멸을 의미한다면 이는 불가능한 것이다. 왜냐하면 사변적인 영역에서뿐만 아니라 실천적인 영역에서 우리에게 제일 원리들을 알게 하는 능동 지성의 빛이 인간의 영혼에서 박탈된다는 것이 불가능한 것과 마찬가지로, 양심의 빛이 소멸될 수 없기 때문이다. 사실상 이 빛은 〈시편〉(4장 7절)이 우리에게 "주님, 당신 면전의 빛은 우리들에게 새겨져 있나이다"라고 환기시키고 있는 지성적인 영혼으로서의 영혼 본성 그 자체에서 기인된다. 그리고 이 빛은 틀림없이 우리에게 선善들을 보여주고 있다. 왜냐하면 〈시편〉 저자는 "많은 사람이 누가 우리에게 선들을 알게 할 것인가?"라며 자신이 던진 질문에 답하고 있기 때문이다. 반면 양심의 소멸이 행위actus의 소멸을 의미할 수 있는데, 이 경우에는 역시 두 가지 방식으로

이해될 수 있다. 한 가지는 만일 양심의 행위가 소멸하는 것이 이 행위가 전체적으로 저지되는 것을 의미한다면 이는 자유의지의 사용이나 어떠한 이성의 사용도 불가능한 사람들에게서 볼 수 있는데, 이 경우는 이성에게 이성이 필요로 하는 것을 제공하는 육체적인 기관들의 연결에서 발생하는 장애 때문이다. 다른 한편으로는 양심의 행위가 이치에 맞지 않는 것에로 빗나가는 사태에서 기인하는 것인데, 이 경우에도 보편적인 것에 대한 양심의 판단이 소멸한다는 것은 불가능하다. 그러나 개별적인 것을 행하는 데 있어서 죄의 행위를 선택하는 매 순간에 양심의 판단이 소멸하는 것이다. 즉 선택의 순간에 탐욕의 폭력성이나 다른 어떤 정념들이 이성을 완전히 흡수해버리면서 개별적인 행위에 있어서 양심의 보편적인 판단이 이루어지지 않는 것이다. 그러나 순수하게, 그리고 단순하게 말해 양심의 소멸이란 것은 이러한 것을 말하는 것이 아니며, 지금까지 말한 것은 다만 하나의 특수한 의미에서 양심의 소멸을 말하는 것이다. 결론적으로, 순수하게 그리고 단순하게 말해 양심은 결코 소멸하지 않는다고 인정해야 하는 것이다.[41]

해결책 : 양심이 소멸할 수 있다고 주장한 앞의 견해들에 대한 답변들

1. 어떤 죄인들이 자신들의 행위를 선택할 때 모든 이성의 빛이 박탈될 수 있다. 여기서 이성은 실수를 범한다. 왜냐하면 어떤 정념에 의해서 이성이 완전히 흡수되었거나, 어떤 습성 때문에 이성이 완전히 삼켜져버렸기 때문이다. 그 결과 이성은 선택에 있어서 양심의 판단을 따르지 못하는 것이다.[42]

2. 만일 이교도들의 사상에서 그들의 불성실에 대항하여 (그들이 성실성을) 요청하지 않고 있다면, (그 이유는) 상위 이성의 오류로 인하여 양심의 판단이 구체적인 상황에 적용되지 못하고 있기 때문이다. 그러나 보편적인 지평에 있어서 그들에게도 양심의 판단은 존재하고 있다. 왜냐하면 그들도 하느님이 계시한 진리들을 믿지 않는 것은 나쁜 것이라고 판단하기 때문이다. 그러나 그들의 상위 이성 안에서는 구체적인 진리들(계시된 진리들)이 신에 의해서 계시되었다는 것을 믿지 않기에 오류를 범하고 있는 것이다.[43]

3. 어떤 악습을 가지고 있는 사람은 행위의 원리들principia operabilium에 있어서 타락한 것이 사실이다. 그러나 이는 보편적인 원리가 타락한 것이 아니라 개별적인 실천에 있어서의 타락, 즉 사악한 습성에 의해서 이성이 실추하여 그 결과 보편적인 판단이 개별적인 행위의 선택에 있어서 올바르게 적용되지 못하는 경우이다.[44] 바로 이러한 방식에 있어서 불경한 사람이 죄의 심연을 거닐면서 경멸을 받는 것이다.

4. 위의 논의가 넷째 문제를 밝혀주고 있다.

5. 악은 본성(자연)natura에 있어서 낯선 것이기에, 지복자들에게 있어서는 악에로의 경향성이 완전히 소멸했다는 사실을 부정할 근거는 어디에도 없다. 그런데 선과 선에로의 경향성은 본성 그 자체ipsam naturam에 근거하는 것으로, 본성이 존재하는 한 선에로의 경향성이 완전히 소멸될 수는 없다. 이는 지옥에 떨어진 사람들에 있어서도 마찬가지다.[45]

의식에 관하여

제1장 의식은 능력인가, 습성인가 혹은 행위인가?

우리는 첫째 장에서 의식에 관하여 다루고 있는데, 의식이 능력인지 습성인지 아니면 행위인지를 묻고 있다. 의식이 능력이라 주장하는 이유들에는 다음과 같은 것들이 있다.

1. 사람들은 우선 의식이 능력potentia인지 습성habitus인지 혹은 행위actus인지를 묻고 있다. 그런데 의식은 능력인 것 같다. 왜냐하면 양심에 대해서 언급한 뒤 예레니모는 〈에제키엘〉 1장 9절46에 대해서 "우리는 가끔 이 의식이 무너지는 것을 볼 수 있다"라고 해석하고 있는데, 여기서 의식은 양심과 동일시되고 있는 것 같다. 그런데 양심은 일종의 능력이다. 따라서 의식 역시도 능력인 것이다.

2. 더 나아가 죄는 영혼의 능력 안에서만 거주할 수 있다. 그런데 의식은 죄인의 타락으로 오염된다 : "그들의 마음과

그들의 의식이 더러워졌다"(〈디도서〉 1장 15절). 따라서 의식은 일종의 능력이다.[47]

3. 사람들은 타락이 그의 주체 안에 있는 것처럼 그렇게 의식 안에 있는 것은 아니라고 말하는데, 사실은 그렇지 않다. 하나의 유일하고 동일한 실재가 가끔은 더럽혀지고 가끔은 순수할 때, 이는 이 실재가 더럽혀지기가 쉽기 때문이다. 그런데 동일성의 변화 없이 타락한 상태에서 순수한 상태에로 나아가는 모든 것은, 가끔은 순수하고 가끔은 더럽혀진 것이다. 따라서 더럽혀진 상태에서 순수한 상태로 나아가거나 혹은 그 반대인 모든 것은 순수함 혹은 더럽혀짐의 주체이다. 그런데 의식은 더럽혀짐에서 순수함에로 나아간다 : "그리스도의 피는 죽음의 행실들로 인해 더럽혀진 우리의 의식을 깨끗하게 하여, 살아계신 하느님을 섬기게 할 것이다"(〈히브리서〉 9장 14절). 따라서 의식은 하나의 능력이다.[48]

4. 사람들이 말하는 것에 의하면 의식은 이성의 평결dicta-men rationis이다.[49] 그러나 이러한 판단은 의식이라는 이름을 차용한 자유의지liberum arbitrium의 몫이다. 바로 여기서 자유의지와 의식은 동일시되며, 자유의지가 능력인 만큼 의식 역시도 능력인 것이다.

5. 바실S. Basile에 의하면 의식은 자연적인 판단naturale judi-catorium[50]이다. 그런데 여기서 '판단'은 양심과 다른 것이 아니며, 따라서 의식은 양심과 다른 것이 아니다. 그런데 이 양

심은 일종의 능력이다. 따라서 의식도 양심인 것이다.

6. 죄는 오직 의지와 이성 안에서만 발견될 수 있다. 그런데 죄는 의식 안에서 발견된다. 따라서 의식은 이성이거나 의지이다. 그런데 이성이나 의지는 모두 능력들이다. 따라서 의식도 능력인 것이다.

7. 사람들은 습성이나 행위에 대해서 그들이 무엇을 알고 있다고 말하지 않는다. 그러나 의식에 대해서는 그렇게(무엇을 알고 있다고) 말하는 것이다 : "너의 의식은 네 스스로 자주 다른 사람들을 혐오하였다는 것을 잘 알고 있다"(〈전도서〉 7장 23절). 따라서 의식은 습성도 행위도 아니며, 능력인 것이다.

8. 오리게네스Origenes에 의하면 "의식은 교정하는 정신이며, 영혼으로 하여금 악을 멀리하고 선에 집착하도록 하는 교육자이다." 그런데 정신이라는 이름은 하나의 능력을 지칭하고 있다. 그렇지 않다면 영혼의 본질 자체를 지칭하는 것이다. 따라서 의식은 영혼의 한 능력을 지칭하고 있다.

9. 의식은 행위이거나 습성이거나, 혹은 능력이다. 그런데 이중 행위는 아니다. 왜냐하면 행위는 지속적이지 않으며 잠자는 이에게서는 존재하지조차 않는다. 그러나 사람들은 잠자는 이에게도 의식은 결여되지 않는다고 말한다. 의식은 하나의 습성도 아니다. 따라서 의식은 하나의 능력이다.[51]

의식이 습성이 아니라고 주장하는 이유들에는 다음과 같은 것들이 있다.

1. 이성의 어떠한 습성도 개별적인 것에 대해서 관여하지 않는다. 그런데 의식은 개별적인 행위들에 관여하고 있다. 따라서 의식은 이성의 한 습성이 아니며, 의식이 이성으로부터 발생하기 때문에 다른 어떤 능력의 습성도 아니다.

2. 이성 안에는 오직 '사변적인' 습성과 '실천적인' 습성만이 있다. 그런데 작용들에 관여하고 있는 것을 보면 의식은 사변적인 습성이 아닌 것이 분명하다. 그렇다고 의식이 실천적인 습성인 것도 아니다. 왜냐하면 의식은 아리스토텔레스가 그의《니코마코스 윤리학》[52]에서 유일하게 실천적인 영역에 위치시킨 '예술(기술)ars'도 아니요 '사려prudentia'도 아니기 때문이다. 의식이 사려가 아니라는 이유는 다음과 같다.《니코마코스 윤리학》제6권에서 '사려'란 행동하는 것에 있어서 올바른 이성이라고 말하고 있지만, 그렇다고 해서 사려는 그들의 개별성 안에서 행동들을 고려하고 있지는 않다. 개별성 안에서의 행동들이 무한한 만큼 이를 고려할 수는 없는 일이다. 게다가 형식적으로 말하자면 사려의 증가는 보다 많이 개별적인 행동들에 관여하게 될 것이지만, 이는 정확한 표현이 아닌 것 같다. 반면 의식은 개별적인 작용들을 고려한다. 따라서 의식은 '사려'와는 다른 것이다. (따라서 의식은

사변적인 습성도 실천적인 습성도 아니다.)

3. 사람들은, 의식이란 이성의 보편적인 판단을 개별적인 작용에 적용하기 위한 어떤 습성이라고 말하였다. 그러나 그렇지 않다! 하나의 습성으로 충분한 곳에서 사람들은 둘을 요청하지 않는다. 누구든지 보편적인 습성을 소유한 사람은 유일한 감각적인 능력 외에 다른 어떤 것의 매개 없이 이를 개별적인 것에 적용할 수 있다. 이처럼 모든 암컷 노새는 불임을 알게 하는 습성에서 기인한 감각적인 것을 통해서, 구체적인 한 노새를 보자마자 이 노새가 불임이라는 것을 알 수 있을 것이다. 따라서 하나의 개별적인 행위에 있어서 보편적인 판단의 적용은 어떠한 습성도 요청하지 않는다. 그러므로 의식은 습성이 아닌 것이다.

4. 모든 습성은 자연적이거나 생득적이거나, 혹은 습득된 것이다. 그런데 의식은 자연적인 습성이 아니다. 왜냐하면 자연적인 습성은 모든 이들에게 있어서 동일한 것인데 의식은 모든 사람들에게 있어서 동일한 것이 아니기 때문이다. 뿐만 아니라 의식이 생득적이라는 이유도 없다. 왜냐하면 이러한 습성은 항상 올바른 것이지만 가끔 의식은 그렇지 않기 때문이다. 의식은 습득된 습성일 수도 없다. 만일 그렇다면 아이들에게 있어서는 의식이 박탈되어 있을 것이며, 다양한 행위를 통해서 의식을 습득하지 않은 어른들에게 있어서조차도 그렇겠지만 사실 그렇지 않기 때문이다. 따라서 앞의

경우와 마찬가지로 의식은 습성이 아니라는 결론에 도달하게 된다.

5. 아리스토텔레스에 따르면[53] 습성을 획득하기 위해서는 다양한 행위들이 요청된다. 그런데 사람들은 하나의 행위로부터 의식을 가지게 된다. 따라서 의식은 습성이 아니다.

6. 〈고린토전서〉 3장에 대한 주해[54]에서 알 수 있듯이, 단죄받은 이들(지옥에 있는 이들)에게 의식은 고통이다.[55] 그런데 습성은 고통이라기보다는, 이를 소유하고 있는 사람에게 있어서는 일종의 실현이다. 따라서 의식은 습성이 아니다.

그러나 의식이 습성이라고 주장하는 사람들이 있다. 그 이유에는 다음과 같은 것들이 있다.

1. 다마세눔Damascenum은 의식 안에서 "지성의 법칙lex intellectus"을 발견하는데, 이 지성의 법칙은 법의 보편적인 원리들의 습성이다. 따라서 의식은 일종의 습성인 것이다.

2. "율법을 가지고 있지 않는 다른 민족들이……"라고 말하고 있는 〈로마서〉 2장 14절에 대해 한 주석서[56]는 다음과 같이 말하고 있다. "비록 이교도들이 율법을 가지고 있지는 않지만, 각자가 이해할 수 있고, 각자에게 선한 것과 악한 것에 대한 내밀한 앎을 가지게 하는 자연적인 법(즉 양심)은 지니고 있다." 따라서 자연법을 통하여 각자가 의식하는 것이

며, 이는 의식을 통해서만 이루어지는 것이다. 결국 의식이란 자연적인 법을 말하는 것이며, 의식도 하나의 습성인 것이다.

3. 의식은 결론의 습성이다.[57] 그런데 의식은 일종의 학문이다. 따라서 의식은 하나의 습성이다.

4. 행위의 반복이 습성을 유발한다. 그런데 사람들은 자주 자신의 의식에 따라 행위한다. 따라서 이러한 행위들이 하나의 습성을 유발하며, 사람들은 이 습성을 의식이라고 명명하는 것이다.

5. "계율의 목적은 사랑caritas을 퍼져나가게 하기 위한 것이다. 이 사랑은 순수한 마음으로부터, 선한 의식을 가진 사람으로부터, 그리고 가식 없는 계율로부터 발생하는 것이다"라고 말하고 있는 〈디모테오전서〉 1장 5절의 말씀에 대해, 한 주석서[58]는 "좋은(선한) 의식으로부터, 다시 말해서 희망으로부터de conscientia bona, id est spe"라고 해석하고 있다. 희망은 하나의 습성이며, 희망도 의식 중의 하나이기에 의식도 하나의 습성인 것이다.

6. 신의 부추김immissionem에 의해서 우리에게 주어진 것은 마치 주입된 덕처럼 나타나고 있다. 그런데 다마세눔의 넷째 저서[59]에 따르면 탐욕이 악마의 사주에 의해서 유지되는 것처럼 의식은 신의 교사에 의해서 유지된다. 따라서 의식은 주입된 덕인 것이다.

7. 《니코마코스 윤리학》 제2권에서 아리스토텔레스는 영혼 안에 있는 모든 것을 능력potentia, 습성habitus, 그리고 정념passio에 귀속시키고 있다. 그런데 의식은 정념이 아니다. 왜냐하면 정념들은 우리에게 장점인 것도 결함인 것도 아니기 때문이다. 아리스토텔레스는 정념은 우리로 하여금 "찬미할 만한 사람으로도, 책망할 만한 사람으로도" 만들지 못한다고 말하고 있다. 다른 한편, 의식은 능력이 아니다. 왜냐하면 능력은 의식처럼 놓일 수 없기 때문이다. 따라서 의식은 일종의 습성인 것이다.

반대의 견해 : 의식이 '행위(현실성)'라고 주장하는 견해들은 아래와 같다.

1. 의식은 행위인 것 같다. 왜냐하면 사람들은 의식이 (우리를) 책망하고 변명한다고 말하고 있기 때문이다. 그런데 어떤 것을 현실적으로 고려하지 않고는 책망할 수도 변명할 수도 없다. 따라서 의식은 '행위인 어떤 것actus aliquis'이다.

2. (학위 등의) 수여와 관련된 앎은 현실적인(행위의) 앎이다. 그런데 의식이라는 그 이름이 '학문과 그 전체적인 앎scientiam cum collatione'을 암시하듯이, 의식은 이와 같은 앎이다. 따라서 의식은 일종의 행위(현실성)의 앎이다.

답변 : 위의 대립되는 견해들에 대한 토마스 아퀴나스의
견해

어떤 이들에 의하면, 일반적으로 사람들은 의식에 관해
세 가지 의미에서 말하고 있다고 한다. 어떤 경우에는 믿음
이 믿음의 대상을 지칭하듯이 의식의 내용에 대해서 말하
며, 어떤 경우에는 우리가 의식을 지니고 있다는 것을 의미
하는 '능력'에 대해서 말하며, 어떤 경우에는 일종의 '습성'을
말한다고 한다. 그 밖에도 어떤 사람들은 의식을 '행위'를 지
칭하기 위해서 사용하기도 한다. 그런데 이렇게 다양하게 말
하는 동기는 다음과 같은 것처럼 보인다. 즉 의식의 한 행위
가 존재한다. 그런데 '행위'에 대해서 사람들은 '대상', '능력',
'습성', 그리고 '행위 그 자체'를 고려하고 있는 것이다. 이처
럼 가끔은 어떤 특정한 어휘는 이 네 가지 의미를 모두 함의
하고 있는 것이다.[60] 가령 intellectus라는 용어는 가끔 지성적
으로 파악된 실재를 지칭하기도 하는데, 이는 사람들이 이름
에 의해 의미된 개념들을 intellectus라는 용어로 지칭하기도
한다는 의미이다. 동일한 용어가 가끔은 능력으로서의 지성
그 자체를 지칭하며, 혹은 특정한 습성을 지칭하거나 하나의
행위를 지칭하기도 한다. 어쨌든 이러한 어휘 문제들에 있어
서는 언어의 사용을 따라야만 한다. 왜냐하면 우리는 《토피
코룸Topicorum》 제2권에서 "용어의 사용은 다수의 법칙을 따

른다"[61]라고 말하는 것을 알고 있기 때문이다. 그런데 이러한 것이, 우리가 어떤 것에 대해서 의식하고 있을 때 의식이라는 용어가 지칭하는 것인 듯하다. 이는 마치 사람들이 "내가 당신에게 나의 의식을 밝혀 보이겠다"고 말할 때, 이 의식이란 그의 의식의 내용을 말하고 있는 것으로 이해하는 것과 같은 것이다. 그런데 엄밀히 말해 하나의 능력이나 습성을 지칭하기 위해서는 의식이라는 용어가 적합하지 않다. 의식은 오직 행위만을 지칭할 수 있으며,[62] 이러한 차원에서만 의식에 대해서 말한 위의 내용들이 조화롭게 긍정될 수 있다. 행위actus와 능력potentia 혹은 습성habitus은 동일한 이름을 지칭하는 것이 아니라는 것을 이해해야 한다. 그러나 시각 이미지의 행위를 의미하는 보는 능력의 행위에서나, 학문의 습성의 고유한 행위를 의미하는 앎의 행위에서처럼, 만일 행위가 이 능력이나 습성의 고유한 행위일 경우에는 예외이다. 시각이라는 것은 가끔은 능력을 지칭하기도 하며 가끔은 행위를 지칭하기도 한다. 앎의 경우도 마찬가지이다. 이와 반대로 만일 다양한 습성이나 능력과 관계하는 하나의 행위가 있다면 이 경우 이 행위의 이름이 지칭하는 것은 능력이나 습성이 아니다. 이는 어떤 좋은 습성을 지칭하는 '사용'이라는 용어 자체에 있어서 분명하다. 말할 것도 없이 어떠한 것이라도 상관없는 어떤 습성이나 능력의 행위는 그것이 행위라는 특정한 적용에서 성립된다. 바로 이러한 이유로 '사용

usus'이라는 이름은 어떤 경우에도 '습성'이나 '능력'을 지칭할 수는 없으며, 오직 행위를 지칭하는 것이다.[63]

의식에 있어서도 이와 마찬가지인 듯하다. 이 의식이라는 이름은 어떤 것에 있어서의 앎이라는 것에 적용되는 행위를 지칭한다. 이는 마치 '의식하는 행위conscire'가 '동시적인 앎(복합적인 앎)simul scire'의 행위를 지칭하는 것과 같은 것이다. 그런데 어떤 종류의 앎이든 어떤 것aliquid에 적용될 수 있듯이 의식이라는 용어에는 어떠한 개별적인 습성이나 능력도 지칭할 수 없으며, 다만 모든 습성에 적용되는 행위나 혹은 규정된 어떤 행위에 적용된 어떤 앎을 지칭하는 것이다.[64]

그런데 하나의 행위에 있어서 앎의 적용이란 두 가지 방식으로 이루어진다. 하나는 행위가 존재하는가 혹은 존재하였는가 하는 차원이며, 다른 하나는 행위가 정확한가 아닌가 하는 차원이다. 전자의 경우 만일 우리가 어떤 행위에 대해서 이 행위가 이미 완성되었거나 그렇지 않거나 하는 것을 알고 있다면, 우리는 이 특정한 행위에 대한 의식을 가지고 있는 것이다. 이는 우리가 일상적으로 다음과 같이 말하는 방식이다. 즉 '나는 그 사실에 대해서 의식하지 못한다'고 말하는 것을, 그것이 이루어지고 있는지 아니면 이미 이루어졌는지 알지 못한다고 이해하는 방식이다. 〈창세기〉 43장 22절에서 "누가 우리들의 가방에 돈을 넣어주었는지 우리는 알지 못한다(글자 그대로 이는 우리들의 의식 속에 있지 않다)"는 구절의 의미를 이처럼 해석해야만 한다. 혹은 다른 하나의 방식은 〈전도서〉 7장 23절에서 "너의 의식은 네 스스로 자주 다른 사람들을 증오하였다는 것을 알고 있다"고 말할 때의 방식이다. 즉 이는 의식(양심)이 어떤 것을 증언하고 있다고 말할 수 있는 경우이다 : "나의 의식(양심)이 나 자신을 증언해줍니다"(〈로마서〉 9장 1절).[65]

다른 하나의 적용 방식은 사람들이 하나의 앎을 어떤 것이 정확한 것인지 아닌지를 확인하기 위한 행위에 적용할 때인데, 이 경우 역시 두 가지 방식이 가능하다. 하나는 의식의 습성이 우리를 행하거나 하지 않거나 하는 것으로 이끌어가는 것이다. 다른 하나는 의식의 습성이 갑자기 이전에 이루어졌던 행위가 정확한지 아닌지를 확인하는 것을 말하는 것이다. 실천적인 영역에서 사람들이 구분하는 이 이중의 과정은 사변적인 영역에서 사람들이 관찰하는 것. 즉 발명과 판단의 과정에 일치하고 있다. 사실상 앎의 빛을 통해 충고할 방법을 찾는다는 것, 말하자면 충고할 방법을 검토한다는 것은, 우리로 하여금 제 원리들로부터 결론들을 찾아내게 하는 방법에 해당하는 것이다. 그리고 한 번 이루어진 것들을 검토하는 방법과 이들이 정확한 것인지를 확인하는 방법은 원리들에 있어서 결론들의 해소를 통한 판단의 방법을 상기하게 한다.

이러한 두 가지 방식의 적용 안에서 우리는 의식이라는 이

름을 사용하고 있다. 어떤 사람을 지도하거나 방향을 알려
주기 위한 행위에 앎을 적용할 때, 이 경우 사람들은 의식이
'부추기다', '유도하다' 혹은 '강제하다'라고 말한다. 반면 이
미 수행된 어떤 것들을 검토하기 위한 행위에 앎을 적용시킬
때 사람들이 사태의 추이를 발견하게 된다면, 그리고 의식의
빛을 통해서 이 사태들이 사람들이 알고 있는 것과 적합하지
않다는 것을 발견하게 된다면, 이때는 의식이 '밝힌다' 혹은
'질책한다'고 말하는 것이다. 혹은 사태들이 사람들이 알고
있는 것과 동일하게 이루어지고 있다면, 의식이 '찬성한다',
'정당화한다'고 말하는 것이다.

　그러나 다음과 같은 사실을 알아야 한다. 행위가 수행되었
는가를 알기 위해 앎을 행위에 적용하는 첫 번째 적용에 있
어서 행위가 수행되었다고 한다면, 이 경우 하나의 감각적
인 앎이 하나의 개별적인 행위에 적용된 것이다. 이는 지나
간 것에 대해 우리가 기억을 통해 상기하거나, 감각을 통해
서 우리가 행위한 순간의 개별적인 행위를 통찰하는 것이다.
반면 두 번째 혹은 세 번째 형식의 적용에 있어서, 우리가 해
야 할 것이나 혹은 이미 수행된 행위에 대해서 비판하기 위
해서 우리가 숙고할 때 우리가 행위에 적용하는 것은 '이성
의 작용적 습성habitus rationis operativi', 즉 상위 이성의 완성을
의미하는 '양심의 습성habitus synderesis'과 '지혜의 습성habitus
sapientiae', 그리고 하위 이성의 완성을 의미하는 '학문의 습성

habitus scientiae'이다. 이러한 습성들은 모두 함께 적용될 수도 있고 따로 적용될 수도 있다. 사실상 우리가 이미 수행된 우리의 행위들을 검토하는 것은 이러한 습성들의 빛을 통해서이며, 해야 할 것을 숙고하는 것도 이들과의 적합성을 통해서이다. 어쨌든 지나간 일에 대해서만 검토가 이루어지는 것은 아니며, 앞으로 해야 할 것에 대해서도 검토가 이루어진다. 반면 숙고는 해야 할 것에 대해서만 적용되는 것이다.

답변 : 의식이 능력이라는 앞의 9개 주장에 대한 답변

1. 예레니모가 "우리 시선 앞에 몰락하는 이 의식"이라고 말했을 때, 그가 말하고자 하는 것은 의식의 불꽃의 일부를 이루고 있는 양심 그 자체를 말하고자 하는 것이 아니다. 그는 위에서 말한 그 의식을 말하고 있는 것이다. 사변 이성의 모든 진리들이 제일원리들로부터 기인되는 것과 마찬가지로, 우리는 또한 모든 의식의 생명력이 그러하듯이 검토나 숙고에 있어서도 의식의 생명력은 양심의 판단으로부터 기인된다고 말할 수 있다. 이 양심은 예레니모가 '의식'이라는 이름으로 지칭한다고 추정되는 그 양심이다. 의식이 양심의 덕에 따라서 움직이는 만큼 특히 양심을 갈구하는 타락이 환기될 때에는 더욱 그러할 것이다(즉 양심에 의해서 활력을 얻은 것이다). 사실상 타락은 개별적인 것에 대한 적용에 있어서

발생하는 것이며, 보편적인 것에 대한 적용에 있어서 발생하는 것이 아니다. 이처럼 양심의 타락이 발생하는 것은 양심 그 자체에서가 아니라 의식 안에서이다.[66] 바로 이러한 이유로 예레니모는 양심의 타락을 설명하기 위해서 의식을 양심에 연결시키는 것이다.

2. 수치스러움은 의식 안에 독립적으로 거주하고 있는 것이 아니라 마치 앎의 내용처럼 그렇게 있는 것이다. 다시 말해서 수치스런 의식을 지니고 있다는 것이며, 이는 하나의 수치스러운 것에 대한 의식을 가지고 있다는 것이다.

3. 수치스러움을 가진 하나의 의식이 그 수치스러움을 정화하였다고 말하는 것은 죄에 대한 의식을 가진 한 주체가 이 죄가 사하여졌다는 것을 안다는 것이며, 이때부터 순수한 의식을 가지게 되는 것을 말하는 것이다. 따라서 동일한 의식이 우선 수치스러움을 당했으며, 후에 순수하게 된 것이다. 이는 의식이 순수함이나 불순함의 주체라는 의미에서가 아니라 검토하는 의식이 순수함이나 불순함을 알고 있다는 것이다. 물론 이러한 것은 정확하게 동일한 행위를 통해서 불순한 것을 알고 뒤이어 순수한 것을 안다는 것이 아니라, 이 둘 모두가 동일한 원리들로부터 알려진다는 의미에서 그러한 것이다. 이처럼 동일한 원리들로부터 발생하는 것이라면 동일한 고려라고 말하는 것이다.[67]

4. 의식과 자유의지의 판단은 한편으로는 다르며, 다른 한

편으로는 서로 일치하고 있다.[68] 이 둘은 모두 구체적인 개별적인 행위에 적용된다는 점에서 서로 일치하고 있다(의식에 있어서 판단이라는 검토의 과정에 해당한다). 이러한 점에서 이들은 양심의 판단과 서로 구별된다.[69] 다른 한편 의식과 자유의지의 판단은, 의식의 판단이 순수한 앎으로부터 발생하는 반면 선택의 행위를 의미하는 자유의지의 판단은 앎을 정감적인 운동에 적용하는 것이라는 점에서 서로 다른 것이다. 이것이 자유의지의 판단은 가끔 왜곡되지만 의식의 판단은 그렇지 않은 이유이다. 예를 들어 어떤 사람이 그가 시도하고자 하는 초기에 그의 행동에 대해서 검토할 때, 원리들의 빛에 있어서 아직 사변적인 그의 판단으로부터 그는 자신이 하고자 하는 것이 악이라는 것을 판단하였다고 하자. 가령 그는 자신의 행위가 간음을 하는 것이라고 판단한 것이다. 그러나 그가 실천적인 적용에 들어가자마자 행위를 유발하는 수많은 상황들이 모든 면에서 발생하게 되고, 특히 그의 즐기는 특성이 유발되고 곧이어 하나의 탐욕이 발생하게 되는 것이다. 이 탐욕이 이성에 연결되고, 선택에 대한 장애물의 제거를 방해하게 되는 것이다. 이렇게 하여 하나의 선택의 오류가 발생하는 것인데, 이는 의식의 오류는 아닌 것이다. 그러나 그의 행위가 의식의 판단으로부터 멀어진다는 기준에서 사람들은 자신의 의식에 반하여, 혹은 나쁜 (오류의) 의식에 의거하여 행하는 것이다.[70] 이처럼 우리는 의식과 자유의지는 필연적으로 일치하는 것이 아님을 알 수 있다. (따라서 자유의지가 능력이라고 하더라도 의식은 능력이 아닐 수 있는 것이다.)

5. 만일 우리가 의식에 관하여 자연적인 판단력을 언급하자면, 이미 말했던 것처럼[71] 의식의 검토와 숙고는 전체적으로 자연적인 판단력[72]에 달려 있다.

6. 이성과 의지의 능력들이 이 죄에 묶여 있다는 의미에서 죄는 이성과 의지 안에 있다. 그러나 이는 위에서 말한 것처럼[73] 의식 안에 있는 것은 아니다.

7. '의식이 어떤 것을 안다'고 말하는 것은 적절한 표현 방식이 아니다. 이는 우리로 하여금 알게 하는 것의 속성처럼 앎을 생각하고 있는 것이다.[74]

8. 정신이 이성을 지칭하는 한, 사람들은 정신을 의식이라고 부를 수 있다. 이는 우리들의 정신을 암시하는 것이라고 이해해야 한다.

9. 의식은 능력이 아니며, 습성도 아니며, 다만 행위일 뿐이다. 의식의 행위는 중단될 수 있는데, 잠자는 이에게 의식이 존재하지는 않겠지만 그럼에도 불구하고 행위 그 자체는 그의 뿌리 안에 존속하고 있다. 다시 말해서 행위로 이행될 수 있는 습성들 안에 잔존하는 것이다. 따라서 의식이 습성이 아니라고 증명하는 논의들을 우리는 인정한다.

답변 : 의식이 습성이라는 앞의 7개 논의들에 대한 답변

1. 의식이 습성일 것이라는 첫째 주장에 대해서 사람들은 의식을 우리들의 지성의 법칙lex intellectus nostri이라고 부를 것이다. 왜냐하면 의식은 자연적 법칙으로부터 추론한 이성의 판단이기 때문이다.

2. (무엇을) 의식한다는 것이 원리들로부터 영감을 받아 생각한다는 것을 의미한다고 한다면, 의식한다는 것은 자연적 법칙을 통해서이다. 그러나 사람들이 자신의 사고를 분명하게 사유하는 행위를 말하고자 한다면 이는 의식을 통해서인 것이다.[75]

3. 학문이 하나의 습성이라는 것은 분명하다. 그러나 학문을 어떤 것에 적용하는 것은 습성이 아니라 하나의 행위인 것이다.

4. 행위들을 통해서 발생한 습성은 행위들을 야기하는 습성과 다르지 않다. 혹은 이 두 습성은 동일한 본성의 습성이다. 예를 들어 부여받은 사랑(종교적 사랑)infusae caritatis의 행위들을 통해서 야기된 자애와, 이 자애로부터 획득된 하나의 습성은 동일한 본성을 가지는 것이다. 혹은 이는 먼저 존재하였던 습성의 성장인 것이다. 예를 들어 절제로부터 획득된 습성을 가지고 있는 사람에게 있어서 절제의 행위들은 이 동일한 습성을 성장하게 할 것이다. 의식의 행위는 지혜와 학

문으로부터 야기되기 때문에, 지혜와 학문과는 다른 한 습성을 야기하는 것이 아니라 이러한 지혜와 학문을 완성하는 것이다.[76]

5. 의식이 일종의 희망spes이라고 말하는 것은, 의식을 마치 그 결과처럼 말하고 있는 것이다. 왜냐하면 좋은 의식con-scientia bona은, 위에서 인용한 구절에서 설명한 것처럼[77] 사람을 좋은 희망bonae spei으로 가득 채우기 때문이다.

6. 우리에게 있는 자연적인 습성들은 신이 이것들을 우리에게 넣어준 결과이기도 하다. 의식의 행위가 양심의 자연적인 습성으로부터 야기된 것이기에, 사람들은 의식이 신에 의해서 우리에게 주어진(허락된) 것이라고 말하는 것이다. 마찬가지로 사람들은 우리에게 있는 모든 진리에 대한 앎은 신에 의해a Deo 우리에게 주어졌다고 말하기도 한다. 왜냐하면 신은 우리들의 본성 안에 제일원리들에 대한 앎을 새겨두었기 때문이다.[78]

7. 이러한 일련의 논의들 안에서 아리스토텔레스는 행위를 습성에 연결시킨다. 왜냐하면 그는 습성들은 행위들을 통해서 야기되었다는 것과 습성들이 총체적인 행위들의 원리라는 것을 증명하였기 때문이다. 이처럼 의식은 정념도 아니요, 능력도 아니며, 행위인 것이다. 그리고 행위는 습성에 관련된다.

우리는 최종적으로 의식이 하나의 행위라는 논의들을 수용한다.

제2장 의식은 오류를 범할 수 있는가?

의식은 결코 오류를 범할 수 없다는 견해들에는 다음과 같은 것들이 있다.

1. 의식은 오류를 범할 수 없을 것이다. 실제로 자연적 판단력은 실수를 범할 수 없다. 바실리움에 의하면 의식은 일종의 자연적인 판단력이다. 따라서 의식은 결코 실수를 범할 수 없다.

2. 게다가 의식은 학문에 무엇인가를 첨부한다. 첨부된 그 어떤 것은 학문의 본성으로부터 어떠한 것도 제거하지 않는다. 오류는《니코마코스 윤리학》제6권[79]에서 마치 항상 참을 말하는 습성처럼 나타나는 학문과 필적할 수 없는 것이다. 따라서 의식 역시 결코 오류를 범할 수 없다.

3. 〈에제키엘〉 1장 9절에 관한 주석에는 "양심은 의식의 불꽃이다"[80]라고 쓰여 있다. 따라서 의식에 대한 양심의 관계는 불에 있어서 불꽃의 관계와 같다. 그런데 불과 불꽃 사이에는 작용과 운동의 동일성이 있다. 이러한 관계는 의식과

양심의 사이에서도 마찬가지다. 따라서 양심이 오류를 범할 수 없는 것과 마찬가지로 의식도 오류를 범할 수 없다.

4. 다른 한편 다마세눔은《정통신앙에 관한 교의》제4권[81]에서 의식에 대해서 "우리들의 지성의 법칙"이라고 하였다. 그런데 우리들의 지성의 법칙은 지성 그 자체보다 더 확실한 것이다. 아리스토텔레스는《영혼론》제3권[82]에서 "지성은 항상 올바르다"라고 말하고 있는데, 그렇기 때문에 보다 더 확실하게 의식은 항상 올바른 것이다.

5. 이성이 양심에 밀접하게 관련되어 있는 한, 이성은 오류를 범하지 않는다. 그런데 의식이란 이성과 양심의 어떤 연관을 의미하고 있으므로 의식은 결코 오류를 범하지 않는 것이다.

6. 인간들의 법정에서 사람들은 (증언자들의) 증언들에 의존하지만, "그들의 의식이 그 자신들을 증언하고 있다"라고 〈로마서〉 2장 15절에서 말하고 있듯이 하느님의 법정에서 증언자는 바로 (자신의) '의식'이다. 신성한 판결이 결코 오류를 범하지 않듯이 의식도 결코 오류를 범하지 않는 것이 분명하다.

7. 모든 영역에 있어서 나머지가 그것을 통해서 질서 지워지는 하나의 규칙regulatur은, 교정될 수 없는 하나의 척도가 되어야 한다. 그런데 의식은 인간적인 행위들에 있어서 척도와 같은 것이다. 따라서 의식이 항상 올바르다는 것은 필연

적이다.

8. 다른 한편 〈디모테오전서〉 1장 5절의 주석에서 "순수한 마음", "선한 의식" 등이라고 말하는 것은 의식이 희망의 지지자라는 것을 말하고 있는 것이다. 그런데 "살아남은 자인 우리들은 절대적인 확실성으로서 우리에게 제시된 희망을 확실하게 가질 수 있도록 용기를 가지게 된다"[83]고 말하고 있는 〈히브리서〉 6장 18절에 따르면, 희망은 절대적으로 확실한 것이다. 따라서 의식은 오류가 없는 하나의 척도인 것이다.

반대의 견해 : 의식이 오류를 범할 수 있다고 주장하는 견해들은 아래와 같다.

1. 〈요한복음서〉 16장 2절에는 "너희를 죽이는 자마다 하느님께 봉사한다고 생각할 때가 올 것이다"라고 쓰여 있다. 이처럼 사도들을 살해하는 사람들에게 있어서 그들에게 사도들을 죽이라고 명령하는 것은 그들의 의식이다. 그럼에도 이는 하나의 오류이다. 따라서 의식은 오류를 범하는 것이다.

2. 게다가 의식은 어떤 비교를 함의하고 있다. 그런데 비교를 하면서 이성을 남용할 수가 있다.[84] 따라서 의식은 오류에 빠질 수 있다.

답변 : 위의 두 대립되는 견해에 대한 토마스 아퀴나스의 견해

앞장에서 이미 말한바 있듯이, 의식이란 하나의 앎을 구체적인 한 특정한 행위에 적용하는 것 외에 다른 것이 아니다. 이 적용에 있어서 오류는 두 가지 방식으로 발생하게 된다. 즉 적용된 것 안에 오류가 있거나 혹은 적용이 부정확한 것이다. 이러한 것은 연역추리에서도 마찬가지인데, 여기서 사람들은 두 가지 방식으로 죄를 범할 수 있다. 하나는 사람들이 거짓된 명제들을 사용하는 것이며, 다른 하나는 결함을 가지고 추론하는 것이다.

거짓된 명제들을 사용함에 있어서 오류는 산출될 수도 있고 안 될 수도 있다. 사실상 우리는 앞서 양심의 앎, 그리고 상위 이성과 하위 이성의 앎이 의식을 통해서 검토된 개별적인 행위들에 적용된다고 말한바 있다. 이 행위가 개별적인 것이며, 양심은 보편적인 판단을 진술하는 것인 만큼 양심의 판단은 개별적인 논리 전개를 이용하면서 적용할 수밖에 없다. 그런데 이 개별적인 논리의 전개는 어떤 때는 상위 이성을 통해서 제공되며, 어떤 때에는 하위 이성을 통해서 제공될 수밖에 없다. 이처럼 의식은 개별적인 연역추론의 형식에 대해서 실행되는 것이다. 예를 들어서 양심의 판단으로부터 결과된 것이라면, 신의 법legem Dei으로부터 금지된 것은

무엇이든 실행되어서는 안 되는 것으로 판단할 것이다. 만일 상위 이성이 어떤 특정한 여성과 간음하는 것은 신성한 법칙에 어긋나는 것이라고 판단한다면, 이를 적용하여 의식은 이러한 행위는 금해야 한다고 (구체적인 삶 안에서) 결론을 내릴 것이다.

이상의 논의들에 따르면 어떠한 실수도 양심의 보편적인 판단에 영향을 미칠 수 없다는 것이 분명하다. 그러나 상위 이성의 판단 안에서 죄를 범하는 경우가 발생할 수 있다. 예를 들어 어떤 것이 신의 법에 적합하거나 부적합하다고 잘못 판단을 하는 경우인데, '사랑의 맹세(서약)'는 신의 법칙으로 인해 금지되었다고 믿으면서 행동하는 이교도들의 경우이다. 이처럼 이성의 상위 부분에 위치하고 있는 거짓으로 인하여 의식 안에 오류가 도입될 수가 있다. 이와 마찬가지로 정의와 불의, 혹은 명예와 불명예 등과 같은 시민적 규범들[85]에 있어서 사람들이 오류를 범할 때처럼 하위 이성 안에 위치하고 있는 어떤 오류로 말미암아 의식이 오류를 범할 수도 있다. 그러나 (비록 상위 이성이나 하위 이성 안에 오류가 없다 할지라도) 개별적인 사태에 있어서 (상위 이성과 하위 이성의 앎을) 정확하게 적용할 수 없다는 사실로부터 여전히 의식 안에 오류가 있을 수 있다. 마찬가지로 사변적인 영역에 있어서 하나의 추론 안에서 사람들이 추론의 정확한 형식으로부터 벗어날 때가 있는데, 이러한 이유로 결론 안에 하나의 오류(거짓)falsitatem가 발생할 수 있다. 이처럼 실천적인 질서 안에서 잘못된 연역추론이 끼어들 여지가 있는 것이다.

어쨌든 어떤 특정한 지점에서는 의식이 결코 실수할 수 없다는 것을 이해해야만 한다. 즉 의식이 적용되는 특정한 행위에 있어서 이 특정한 행위 그 자체가 양심의 보편적인 판단에 속하는 경우이다. 마찬가지로 사변적인 영역의 개별적인 결론들에 있어서도 결코 오류를 범할 수 없는 경우가 있는데, 이 경우는 이 개별적인 결론들이 보편적인 원리들 안에서 즉시 취해질 때, 그리고 이들의 고유한 종국일 때이다. 예를 들어서 '전체는 이 전체의 그 어떤 부분들보다 항상 더 큰 것이다'라는 명제에 있어서는 누구도 오류를 범하지 않을 것이다. 마찬가지로 '어떤 것의 전체도 그것의 어떤 부분들보다 크다'는 명제도, 그리고 '나는 신을 사랑하지 말아야 한다'거나 '나쁜 행위를 해야 한다'거나 하는 판단들에 대해서도 어느 누구도 오류를 범하지는 않을 것이다. 왜냐하면 이러한 연역추리에서 그것이 사변적인 영역이든 실천적인 영역이든 보편적인 판단을 동반하므로 대전제가 분명하며 소전제 역시 분명하기 때문이다. 다시 말해서 사람들은 대전제와 소전제에서 동일한 것을 개별적인 사실에 적용하기 때문이다.[86] 예를 들어서 '어떠한 전체도 그의 부분보다도 크다'고 말하는 것은 '이 전체는 하나의 전체다. 따라서 이 전체는 그의 부분보다 크다'라고 말하는 것이기 때문이다.

해결책 : 의식이 오류를 범할 수 없다고 주장한 앞의 견해
들에 대한 답변들

1. 따라서 우리는 의식이 자연적인 판단으로부터 연역된
결론이라는 의미에서 자연적인 판단력이라고 부를 수 있을
것이다. 따라서 여기에는 오류가 개입될 수 있다. 이러한 오
류는 위에서 말했듯이 자연적인 판단의 실수를 통해서 발생
하는 것이거나, 아니면 최소한 개별적인 논리 전개를 통해서
발생하거나, 혹은 잘못된 추론 방식을 통해서 발생할 것이
다.

2. 의식은 학문에, 이 학문의 개별적인 행위를 (현실에) 적
용하는 것을 첨부한다. 학문이 오류를 제거하지만 여전히 이
러한 적용 행위에서 오류는 가능하다. 혹은 사람들은 의식에
대해 말하면서 학문을 오직 그 엄밀한 의미에서, 즉 오직 진
리만을 수용한다는 의미에서 취하는 것이 아니라 어떤 것에
대한 앎이라는 넓은 의미로 취하는 것이라고 말할 것이다.[87]
이처럼 우리는 학문이 (일체의 것을 알고 있다고 말하는 것이 아
니라) 일반적으로 우리가 알고 있는 모든 것을 알고 있다고
말하는 것이다.

3. 불꽃이 불의 발생에 있어서 가장 순수한 것인 만큼, 그
리고 이 불꽃이 온 방안을 비추는 만큼 양심은 앎의 판단에
있어서 가장 '고양'된 것이다. 이러한 은유는 의식의 불꽃을

양심 안에서 발견하는 것을 허락하게 한다. 그러나 모든 관점에서 의식에 대한 양심의 관계가 필연적으로 불에 대한 불꽃의 관계인 것은 아니다. 질료적인 불에 있어서조차도 하나의 이상한 물질을 첨가함으로써 불꽃이 그의 순수성을 상실하게 되듯이, 의식이 개별적인 것과 섞이게 되면, 즉 이성에 낯선 어떤 것이 섞이게 되면 의식은 오류에 빠질 수 있는 것이다. 이때 양심은 그의 순수성 안에 거주하면서 표면에 나타나지 않고 있다.[88]

4. 의식이 양심으로부터 지지되는 만큼 의식은 지성의 법칙이라고 불린다. 그러나 위에서 이미 본 것처럼 의식은 단지 지성의 법칙인 것만은 아니며, 의식에는 오류가 개입될 수 있다.

5. 이성이 양심에 천착해 있다면 실수를 범하지 않는다는 것은 사실이다. 그럼에도 불구하고 양심은 그것이 상위 이성이든 하위 이성이든 하나의 헤매는(방향을 상실한)errans 이성과 결합될 수 있다. 이는 사람들이 참인 주요한 것에 거짓된 부차적인 것을 결합시키는 것과 같은 것이다.[89]

6. 법정에서 사람들은 어떤 증거들에 따라서 자신들의 증언이 진실을 밝히지 못할 경우 증언자들의 증언에 의존하게 된다. 헤매는(방향을 상실한) 의식conscientiae errantis[90]의 경우 의식의 증언이 양심의 평결을 통해서 (진실성이) 판단된다. 이처럼 신의 법정에서는 헤매는 의식의 증언에 의존하지는

못할 것이며, 차라리 자연법naturalis legis의 판단에 의존하게 될 것이다.

7. 인간 행위들의 제일 척도는 의식이 아니라 양심이다. 의식이란 어떤 의미에서 '측정된 척도regula regulata'이다.[91] 따라서 의식이 오류에 빠질 수 있다는 것은 전혀 놀랄 만한 것이 아니다.

8. 올바른 의식에 근거한 이 희망은 확실한 것이며, 이러한 희망은 하나의 무상의 선물이다. 반면 오류에 빠진 의식에 근거한 희망은 〈잠언〉(10장 28절)에서 말하고 있는 그러한 희망이다. "악인의 희망은 부패하고 말 것이다."[92]

제3장 인간 행위의 업적들은 의식에 구속되는가?

인간 행위의 업적들이 의식에 구속[93]되는 것이 아니라는 견해에는 다음과 같은 것들이 있다.

1. 인간 행위의 업적들은 의식에 구속되는 것이 아닐 것이다. 왜냐하면 법에 의해 규정된 것이 아니라면 그 누구도 그것을 해야 할 의무가 없기 때문이다. 그런데 인간은 자기내면에 법을 만들지 않는다. 따라서 인간 행위들의 업적들은 의식에 구속된 것이 아니다. (왜냐하면 인간행위들은 법에만 구

속된 것이기 때문이다.)

2. 다른 한편, 사람들은 충고들을 통해서 강제되지 않는
다.[94] 그런데 의식은 충고하는 자의 방식으로 존재한다. 왜냐
하면 의식은 마치 충고를 하듯이 선택에 의해서 진행되기 때
문이다. 따라서 인간 행위의 업적들은 의식에 구속되는 것이
아니다.

3. 사람들은 오직 상위적인 것aliquo superiori에만 구속된
다.[95] 의식이 인간 위에 존재하는 것이 아닌 만큼, 인간은 의
식에 의해 강제될 수 없다.

4. 강제하는 능력은 죄를 사하는(면제하는, 해방하는)solvere
능력 없이는 불가능하다.[96] 그런데 인간의 죄를 사할 능력이
없는 의식은 인간에게 무엇을 강제할 능력이 없는 것이다.

반대의 견해 : 인간 행위의 업적들이 의식에 구속된 것이
아니라는 주장에 반대하는 견해는 아래와 같다.

1. 〈전도서〉 7장 23절에서 "너의 의식이 알고 있다"는 표현
에 대해서 다음과 같은 주석을 발견할 수 있다 : "어떠한 나
쁜 사람도 이러한 심판을 피해갈 수 없다." 그런데 심판자의
계율이 우리를 구속하고 있다. 따라서 사람들은 의식의 심판
에 의해서 구속되는 것이다.

2. 더구나 〈로마서〉 14장 23절의 "믿음으로부터 기인하지

않는 모든 것은……"이라는 표현에 대해서 오리게네스Origenes는 "만일 누가 사도들이냐에 따라서 그것이 의식과 일치하거나 일치하지 않는다면 나는 아무것도 말하지 않고 아무것도 생각하지 말아야 한다"고 말하였다. 따라서 의식이 (우리의 행위를) 강제하는 것이다.[97]

답변 : 위의 두 대립되는 견해에 대한 토마스 아퀴나스의 견해

의심의 여지 없이 의식은 (우리의 행위를) 강제한다. 그러나 의식이 어떻게 이렇게 하는지를 알기 위해서는 '동여매기(강제하기)'라는 개념에 대해서 알아보아야 한다. 이를 위해 정신적인 영역에 대한 육체적인 영역의 은유는 (구속하는 행위에) 요청되는 하나의 필연성을 보여주고 있다. 구속된 사람에게 있어서 (구속이 유효하기 위해서는) 그가 구속된 장소에 고정되어 남아 있을 필연성이 요청되며, 그에게 그 장소를 벗어날 능력을 박탈해야만 하는 필연성이 있다. 여기서 우리는 '동여매기ligatio'라는 내적인 필연성이 요청되는 것은 아니라는 것을 볼 수 있다. 왜냐하면 불꽃은 필연적으로 위를 향해 상승하지만, 우리는 불이 위를 향해 솟아나도록 강제된다고 말할 수는 없기 때문이다. 그런데 필연적인 것들 중에서 오직 타자로부터 필연성이 부과되는 곳에서만 '동여매기'

가 개입된다.

그런데 두 종류의 필연성이 낯선 어떤 동인動因에 의해서 부과될 수 있다. 하나는 강제력의 필연성, 즉 우연적인 행위를 (강압적으로) 규정해야만 하는 절대적인 필연성이다. 그렇지 않다면 이는 오히려 독려하는 것이지 강제하는 것은 아닐 것이다. 다른 하나는 조건이 부여된 하나의 필연성, 즉 하나의 목적에 종속되는 필연성인데 이는 그것을 하지 않으면 보상이 주어지지 않게 되는 것으로서 어떤 사람에게 이것을 하도록 부과하는 것이다.[98]

첫째 필연성인 강제의 필연성은 의지의 운동 안에서는 나타나지 않으며, 다만 육체적인 운동들에서만 나타나는 것이다. 왜냐하면 그 본성을 통해서 의지는 강제를 벗어날 수 있기 때문이다. 그러나 둘째 필연성은 의지의 운동에 부과될 수 있는 것이며, 그 결과 만일 의지가 특정한 선을 기다리거나 특정한 악을 피해야만 한다면 의지가 구체적인 선택을 해야만 하는 것이다. 이러한 영역에서 '회피한 악'은 아리스토텔레스가 《니코마코스 윤리학》 제5권[99]에서 설명하고 있듯이 '이득'과 동등한 것이다. 그런데 강제로부터의 필연성이 행동을 통하여 육체에게 부과되는 것과 마찬가지로, 하나의 조건부 필연성을 의지에 부과하는 것도 행위를 통해서이다. 의지의 운동에 대한 이러한 행위 방식은 다스리고 통치하는 자의 명령이다. 바로 이 때문에 아리스토텔레스가 《형이상학》제5권에서 "왕은 그의 명령을 통해서 운동의 원리가 된다"라고 말한 것이다.

이처럼 의지의 영역 안에서 의지를 강제하기 위해 권력으로부터 주어지는 명령의 역할은, 의지를 강제한다는 점에서 강제력의 필연성을 통한 육체적인 것의 구속에 적용되는 육체적 행위와 유사한 것이다. 그런데 작용자의 육체적 행위는 행위 대상인 사물과 접촉하는 것 그 자체를 제외하고는 그것이 무엇이건 결코 필연성을 초래하지는 않는다. 마찬가지로 왕이나 주인의 어떠한 명령도 명령이 도달되어야 할 사람에게 도달되지 않는다면, 그리고 이 명령이 명령받은 자의 앎을 통해서 이해되지 않는다면 그 사람을 구속하지는 못할 것이다. 이처럼 어떠한 사람도 그가 지니고 있는 앎을 통해서만 계율에 의해서 강제될 수 있는 것이다. 그 스스로 계율을 알고 있지 않다면 그 스스로를 통해서 의무를 부여받지 않을 것이며, 계율에 대해 무지하다면 어떠한 사람도 이 계율을 지켜야 하는 의무를 부과받은 사람처럼 고려할 수는 없는 것이다. 따라서 만일 어떤 사람이 이 계율을 지니고 있지 않다면, 그리하여 이 계율에 대해서 무지하다면 그는 어떤 방식으로도 계율에 의해서 강제되지 않는 것이다. 따라서 육체의 세계 안에서 육체적인 동인은 오직 접촉을 통해서만 행하듯이, 정신의 세계 안에서 계율은 오직 앎을 통해서만 정신을 구속할 수 있는 것이다.[100] 그리고 사물과의 접촉이나, 동인의 기개나 동일한 힘을 통해서 실행되기에 (물리적) 접촉은 동인의 속성을 통해서 이루어지며, 동인의 속성은 또한 접촉을 통해서만 실행되는 것이다. 앎은 계율의 힘을 통해서 연결되며 계율은 또한 앎을 통해서만 연결되기에, 계율에 의무를 부과하는 것이나 앎을 통해 의무를 부과하는 것도 동일한 힘을 통해서 실행된다. 따라서 앎으로부터 하나의 행위에 대한 순수한 적용을 의미하는 의식은, 신성한 계율의 힘을 통해서 이루어진다고 분명하게 말할 수 있다.[101]

해결책 : 인간 행위의 업적들이 의식에 의해 구속되는 것이 아니라는 견해들에 대한 답변들

1. 사람들이 스스로 법을 만든다고 말할 수 없다는 것은 분명하다. 그러나 그의 지성적 행위를 통해서 다른 사람이 만든 법을 이해하며, 이 앎이 법을 지키도록 강제하는 것이다.

2. 충고라는 것은 두 가지 의미[102]로 이해할 수 있다. 가끔은 해야만 하는 일들을 모색해온 이성의 행위를 말하는 것이다. 이처럼 이해된 충고란 아리스토텔레스가《니코마코스 윤리학》제3권[103]에서 말하고 있듯이 결론에 대한 추론 혹은 질문으로 이해된다. 이처럼 이해된 충고는 계율에 반하지 않는다. 왜냐하면 우리는 이러한 충고는 계율에 대해서도 실천하고 있기 때문이다. 따라서 사람들은 이러한 구체적인 충고

덕분에 자신의 의무를 발견할 수가 있다. 이러한 의미에서 충고는 어떤 특정한 적용에 있어서, 즉 해야 할 일들을 숙고하는 데 있어서 의식과 밀접한 관련을 가지고 있다. 충고의 다른 하나의 의미는, 어떤 것을 하도록 강제적인 힘을 사용하는 것이 아니라 초대하거나 격려한다는 것이다. 이러한 의미의 충고는 친근한 격려의 방식이라는 의미에서 계율에 대립하는 것이다.[104] 이러한 종류의 충고 역시 가끔은 의식과 관련이 있다. 왜냐하면 가끔 사람들은 이러한 종류의 충고를 통한 앎을 개별적인 행위들에 적용하기 때문이다. 그러나 의식은 의식이 지닌 내용의 한계 내에서만 의무를 부과하기 때문에, 충고에 의해서는 충고라는 방식으로만 강제할 수 있을 뿐이다. 다시 말해 이 충고를 따르라는 것이 아니라, 이를 무시하지 말라는 방식으로만 강제하는 것이다.

3. 비록 사람들이 자기 자신의 상사는 아니지만, 계율을 알고 있는 사람을 상사처럼 가지고 있다. 이처럼 사람들은 의식에 의해서 강제되어 있다. (왜냐하면 계율을 알고 있는 의식이 이 계율을 이행하도록 나 자신을 강제하기 때문이다.)

4. 오류의 의식이 죄를 용서받기에 충분하지 않을 때, 이는 죄가 오류 그 자체 안에 거주하고 있는 때이다.[105] 이는 그가 알아야만 할 그것에 대해서 무지할 때이다. 그러나 만일 그가 알 필요가 없는 것에 대해서 오류를 지니고 있다면 의식은 용서받을 수 있다. 이는 사태를 알지 못하면서 죄를 범한

사람의 경우에 분명한 것이다. 예를 들어 부부 간의 일들에 관련된 어떤 사람의 오류이다.[106]

제4장 오류의 의식은 우리를 강제하는가?[107]

오류의 의식conscientia erronea에 의해 강제되지 않는다는 견해에는 다음과 같은 것들이 있다.

1. 언뜻 보기에는 그런 것 같지 않다. 아우구스티누스[108]는 죄peccatum란 신의 법legem Dei에 대항하여 말하거나, 행동하거나, 탐욕을 가지는 것이라고 말한다. 따라서 죄를 짓지 않고서는 어길 수 없는 형식의 의무는 신의 법뿐이다. 그러나 오류의 의식은 신의 법에 적합한 것이 아니다. 따라서 오류의 의식은 '죄를 짓지 않고서는 어길 수 없는 의무obligata ad peccatum'를 부과할 수 없다.

2. 〈로마서〉 13장 1절의 "모든 영혼들은 …… 아래 놓여 있다"는 등의 표현에 대한 아우구스티누스의 주석은, 보다 하위적인 권한에 복종하기 위해서 보다 상위적인 계율을 어겨서는 안 된다고 말하고 있다. 예를 들어 왕의 명령이 총독의 명령과 대립된다면 총독의 명령에 복종해서는 안 되는 것이다. 그런데 의식은 신보다 하위의 존재이다. 따라서 만일 의

식의 명령이 신의 명령에 반한다면—이는 오류의 의식의 경우이다—전혀 복종할 필요가 없는 것이다. 즉 오류의 의식은 우리를 강제할 수가 없는 것이다.

3. 암브로시우스에 의하면 죄란 신성한 법을 위반하는 것이며 천상의 명령에 불복종하는 것이다. 따라서 누구든지 신성한 법에 의해 주어지는 것을 무시할 때 죄를 범하는 것이다. 그런데 오류의 의식을 통해서 사람들이 신의 권한을 외면하게 되면, 스스로 신성한 법이 금지하는 것을 할 수 있다고 의식적으로 믿게 되는 것이다. 이처럼 사람들이 오류의 의식을 따르게 되면 죄를 짓게 된다.

4. 어떤 사람이 자신과 아내가 (사회적) 법에 의해 금지된 혼인 관계라는 것을 의식하고 있다면, 그리고 이러한 의식이 충분히 그럴 수 있다고 인식한다면, 비록 그것이 교회의 명령과 대립된다 할지라도 그는 그의 의식을 따라야 할 것이다. 그는 분에 넘치는 교제를 계속 할 것이다. 이와 반대로 이러한 인식이 그의 의식에 있어서 가능하지 않다면, 그는 이러한 일을 지속하지 않을 것이며 교회의 계율을 따를 것이다. 그런데 본질적으로 나쁜 행위를 지속하는 오류의 의식은 가능하지 않다.[109] 따라서 오류의 의식은 우리를 강제할 수가 없다.

5. 신은 모든 지상의 교사들에게 자비를 가져다준다. 그런데 지상의 교사는 실수로 범한 죄를 탓하지 않는다. 따라서

신에게 있어서는 더더욱 오류의 의식을 죄의 관계에 연관시키지 않을 것이다. (따라서 오류의 의식에 의한 죄를 묻지는 않을 것이다.)

6. 사람들은 오류의 의식은 자신의 내적으로 나쁜mala 행위들[110]에 있어서는 강제하지 않지만, 무관심한intifferentia[111] 행위들에 있어서는 강제한다고 생각하고 있다. 그러나 이는 잘못 생각한 것이다. (즉 무관심한 행위에 대해서도 강제하지 않는 것이다.) 왜냐하면 사람들이 '오류의 의식은 내적으로 나쁜 행위들에 대해서 무관하다'는 생각을 인정하고 있다면, 그 이유는 자연적인 이성[112]이 내적으로 나쁜 행위에 반대하고 있기 때문이다. 그런데 자연적 이성은 오류의 의식이 무관심한 영역에서 잘못을 범할 때도 이에 반하여 목소리를 내는 것이다. 이와 마찬가지로 이 오류의 의식은 (우리의 행위를) 강제하지 않는 것이다.

7. 무관심한 행위는 일종의 중립적인 상황 속에 있다.[113] 그리고 이러한 행위는 실행하도록 결정되거나 피하도록 결정되는 필연적인 이유가 없다. 따라서 무관심한 행위의 영역에서는 의식의 강제가 결코 필연적인 특성일 수가 없다.

8. 만일 오류의 의식이 신의 법에 반하여 행동하도록 한다면, 이것이 죄에 대한 변명이 되지는 않는다. 따라서 이러한 오류의 의식에 반하여 행동해도 여전히 죄를 범할 수 있다고 한다면, 사람들이 오류의 의식을 따르든 아니든 여전히 죄가

초래될 것이다. 따라서 이 경우 사람들은 죄를 피하기가 불가능한 난처한 상황에 처하게 될 것이다. 그런데 이러한 상황을 인정한다는 것은 매우 어려운 것 같다. 왜냐하면 아우구스티누스[114]는 피할 수 없는 것에 있어서는 누구도 죄를 범할 수 없다고 말하기 때문이다. 따라서 의식이 이처럼 오류에 빠져 있을 때, 의식은 (우리를) 구속하지 않는 것이다.

9. 모든 죄는 어떤 종류의 결함으로부터 발생한다. 그러나 어떤 사람에게 있어서 의식이 간음을 하도록 명령하고 있다면, 우리는 어떤 종류의 결함이 간음을 범하도록 하는지 알수가 없다. 따라서 이 경우는 의식에 반하여 행동하면서 죄를 범하지 않을 것이다. 그리고 이러한 의식(오류의 의식)은 우리를 강제하지 못하는 것이다.

반대의 견해 : 오류의 의식이 우리를 강제할 수 있다는 견해는 아래와 같다.

1. "확신(신념)fide을 가지지 않은 모든 것은 일종의 죄이다"라고 하는 〈로마서〉 14장 23절의 말씀에 대해 한 주석서는 "비록 그 자체로서는 선한 것이라 해도 의식에 의한 것이 아닌 것은 죄이다"[115] 라고 설명하고 있다. 그런데 그 자체로 선한 것을 금지하는 의식은 곧 오류의 의식이다. 따라서 이러한 의식은 우리를 강제하는 것이다.

2. 은총이 계시되는 순간에도 계율들을 합법적으로 보는 것은 무관심한 것이 아니라 내적으로 나쁜 것이다. 바로 이 때문에 〈갈라디아서〉 5장 4절에서는 "만일 여러분이 할례를 받는다면 그리스도는 여러분에게 아무 소용이 없을 것입니다"[116]라고 말한 것이다. 그럼에도 불구하고 만일 할례를 지켜야 한다고 의식적으로 판단한다면 사람들은 (계율에) 구속된 것이다. 다음의 구절이 이를 말해주고 있다. "할례를 받는 모든 사람에게 내가 다시 분명히 말합니다. 그들은 계율 전체를 지킬 의무가 있습니다"(〈갈라디아서〉 5장 3절). 따라서 내적으로 나쁜 사람에게조차도 오류의 의식은 그를 강제하는 것이다.

3. 죄가 머물고 있는 중심지는 의지이다. 그런데 신성한 계율을 어기고자 하는 의지를 가지고 있는 자는 누구나 나쁜 의지를 가지고 있는 자이며, 그러므로 그는 죄를 짓는 것이다. 사람들이 계율을 통해서 규정된 것이라고 믿는 것을 어기는 것은 법을 위반하는 것이며, 따라서 이것은 죄를 짓는 것이다. 그런데 그것이 내적으로 나쁜 것이든 혹은 완전히 다른 것이든 오류의 의식을 가지고 있는 사람은 그의 의식에 반하여 행하는 것은 신의 법에 대항하여 행하는 것이라고 믿고 있다. 따라서 이처럼 행하기를 원하는 것은 신의 법에 대항하여 행하고자 하는 것이며, 이것이 곧 죄인 것이다. 이처럼 그것이 무엇이든 오류를 가진 의식은 죄를 범하지 않고서

는 되돌릴 수 없을 만큼 우리를 구속한다.

4. 다마세눔은 "의식은 우리들의 지성의 법칙이다"[117]라고 말하고 있다. 그런데 법에 반하여 나아가는 것, 이것이 곧 죄이다. 따라서 이는 또한 어떤 방식으로든 의식에 반하여 나아가는 것이다. (따라서 의식은 우리를 강제하는 것이다.)

5. 사람들은 계율에 의해서 강제된다. 그런데 의식이 강제하는 것dictat이 계율이 된 것이다. 따라서 비록 의식이 어떤 오류를 포함하고 있다 하더라도, 의식은 우리를 강제하는 것이다.

답변 : 위의 두 대립되는 견해에 대한 토마스 아퀴나스의 견해

이러한 주제에 대해서는 다양한 견해가 있다고 말해야 할 것 같다. 어떤 사람들은 의식의 오류는 내적으로 나쁜 행위들을 동반한다고 하며, 어떤 사람들은 무관심한 행위를 동반한다고 말하고 있다. 그리고 전자는 의식이 우리를 강제하지 않는다고 하고, 후자는 의식이 우리를 강제한다고 말한다. 그런데 이렇게 말하는 것은 의식의 의무(의식이 강제하는 것)가 무엇을 의미하는 것인지 아직 이해되지 않았다는 것을 보여주고 있는 것이다. 사람들은 이 의식의 의무를 이행하지 않을 때 죄에 빠진다고 생각하지만, 의식이 강제하는 것을 따르면

서 정확하게 행할 것이라고 말하고자 하는 것은 아니다. 만일 그렇지 않다면 충고로부터의 의무를 수용해야만 할 것이다. 왜냐하면 충고를 따른다는 것은 정확하게 행하는 것이기 때문이다. 그러나 충고를 따르지 않는다고 해서 죄를 범하는 것이 아니라는 것을 감안한다면, 우리는 충고를 따라야 할 의무가 있다고 말할 수는 없다. 반면 사람들은 우리들이 계율에 의해 의무를 가지게 된다고 말한다. 그 결과 이 계율을 어기는 것은 곧 죄에 빠지게 되는 것이다. 따라서 사람들이 의식이 어떤 것을 하도록 강제한다고 말한다면, 이는 의식의 사태로부터 이 행위가 선하게 되기 때문이 아니라 이를 회피하게 되면 죄에 빠지게 되기 때문이다. 그런데 만일 사람들이 그렇게 생각할 만큼 오류에 빠져 있는 한 의식이 신성한 계율에 대해서 말해준다면, 이것이 (윤리적으로) 중립적인 것이든 혹은 내적으로 나쁜 것이든 죄를 피한다는 것은 분명히 불가능하다. 그리고 이러한 의식이 계속 지속된다면 이 의식을 가진 사람은 신성한 계율을 어기기로 결정하게 될 것이다. 이러한 사람은 이러한 의식이 그에게 있는 만큼, 이러한 사태 자체로부터 신의 법을 어기게 되는 것이다. 이것이 곧 죽음의 죄 mortaliter peccat이다. 의심의 여지 없이 오류에 빠진 것으로서의 이러한 의식은 버릴 수 있을 것이며, (올바른) 의식이 존속하는 한 의식은 의무를 부과하는 자이며 의식의 명령을 어기는 자는 필연적으로 죄에 빠지고 말 것이다.[118]

나는 올바른 의식은 절대적으로 우리에게 의무를 부과한다고 말하고자 한다. 왜냐하면 이 올바른 의식은 조건 없이 그리고 모든 가능한 것에서 우리에게 의무를 부과하기 때문이다. 실제로 의식을 가진 누구도 '신을 모독하지 말아야 한다'라는 의식의 명령을, 죄를 짓지 않고는 버릴 수가 없을 것이다. 하나의 실수를 대가로 이를 감행한다면 그 사태 자체로부터 심각하게 죄를 짓게 될 것이다. 이러한 (올바른) 의식이 존속하는 한, 사람들은 죄를 짓지 않고서는 이 의식의 명령을 현실적으로 어길 수는 없을 것이다. 따라서 의식은 절대적으로 모든 사태에 있어서 우리를 강제하는 것이다. 반면 오류를 가진 의식의 경우 한정된 정도로만 우리를 강제하고 있다. 왜냐하면 (오류의 의식은) 하나의 조건 아래서만 강제하기 때문이다. 예를 들어 간음을 하고 싶다고 암시해주는 의식이 있는 사람에게 이러한 생각을 철회할 능력이 없는 상황이 있을 수 있다. 그러나 이러한 의식이 죄를 초래하는 것은 하나의 조건, 즉 이러한 의식이 지속된다는 한에서만 가능한 것이다. 그런데 이러한 조건이 어쩌면 제거될 수 있을 것이며, 따라서 죄를 짓지 않을 수 있을 것이다. 이러한 의식은 모든 경우에 있어서 강제하지는 않을 것이다. 이러한 의식을 포기하는 경우가 올 수 있으며, 이 경우 가까운 미래에 의식으로부터 강제되는 것을 멈출 것이기 때문이다. 어떤 조건 아래에서만 존재할 수 있는 것은 어떤 한계 내에서만 존재하는 것이다.

나는 여전히 올바른 의식은 그 자체로 우리에게 의무를 부과하며, 오류의 의식은 하나의 관점을 통해서 우리를 강제한다고 말하고자 한다. 이는 다음과 같이 설명될 수 있다. 다른 어떤 것으로 인하여 어떤 것을 갈망하거나 사랑한다면, 이는 다른 어떤 것을 본질적으로 사랑하는 것이다.[119] 이 다른 어떤 것을 위하여 다른 모든 것을 사랑하며, 어떤 의미에 있어서 자신이 사랑하는 것을 다른 어떤 것 때문에 '첨부'를 통하여 사랑하는 것이다. 가령 포도주가 부드럽기 때문에 포도주를 사랑하는 사람은, 부드러움은 그 자체로 사랑하는 것이며 포도주는 우연적으로 사랑하는 것이다.[120] 그런데 오류의 의식을 가진 사람은―그는 올바르다고 믿고 있다, 그렇지 않다면 그는 오류 속에 있지 않을 것이다―그가 자신의 의식에 부여한 그 공정함(올바름) 때문에 오류에 빠진 자신의 의식에 집착하고 있는 것이다. 엄밀히 표현하자면 이러한 사람은 올바른 의식에 집착하고 있지만, 우연적으로 오류의 의식에 집착하고 있는 것이다. 말하자면 그가 올바르다고 믿고 있는 의식이 우연적으로 오류에 빠져 있다는 점에서 그가 오류의 의식에 집착하고 있는 것이다. 이러한 해결책은 아리스토텔레스가《니코마코스 윤리학》제7권에서 말하고 있는 것에서 근거를 취할 수 있다. 여기서 그는 이와 유사한 질문을 다루면서 "단지 올바른 이성에서 벗어나 있는 사람에 대해서만

'무절제하다'고 할 수 있을까, 혹은 방향을 잃은 이성으로부터 벗어나 있는 사람도 '무절제하다'고 말할 수 있을까"라고 질문하고 있다. 이에 대한 답변은 무절제한 것이란 본질적으로 올바른 이성을 벗어나 있지만, 오류의 이성은 우연적으로 벗어나 있다는 것이다.[121] 그리고 전자는 무조건적으로 벗어나 있으며, 후자는 조건적으로 벗어나 있다는 것이다. 왜냐하면 본질적인 것은 절대적이며, 우연적인 것은 조건부를 함의하기 때문이다.

해결책 : 오류의 의식은 우리를 강제할 수 없다는 견해들에 대한 답변들

1. 오류의 의식이 지니고 있는 내용은 신의 법에 적합하지 않다. 그러나 이러한 의식도 (헤매는 의식에 의해서) 우연적으로 신의 법을 그 자체로 수용할 수가 있다. 그리고 이러한 이유로 그에 의하면 신의 법에서 벗어나는 것은 그가 원하는 것에 한해서 신의 법을 벗어나는 것이다. 그러나 여전히 우연적으로 신의 법을 벗어나지 않을 수도 있는 것이다.

2. 이 논의는 상위자의 권한과 하위자의 권한의 계율들이 서로 다르며, 이 둘이 구별되고 분리되는 방식으로 계율을 지키는 주체에게 도달한다는 한에서만 유효한 것이다. 그러나 여기서의 논증은 이러한 것이 아니다. 왜냐하면 신성한

계율의 명령을 의식하고 있는 이에게 있어서 의식의 요청이 신성한 명령과 혼동되고 있기 때문이다. 황제의 명령이 오직 지방 총독의 목소리를 통해서만 (명령을 수행할) 주체에게 도달할 수 있으며, 이 총독이 오직 황제가 명령한 것을 반복해야만 한다는 앞서 언급한 예는 이에 적절한 것이다. 따라서 황제의 명령을 경멸한다는 것은, 총독이 참을 말한다 해도 총독의 명령을 경멸한다는 것과 동일한 것이 될 것이다.

3. 의식이 내적으로 나쁜 것을 통하여 오류를 범할 때, 오류의 의식은 신의 법에 반하여 행할 것이다. 그럼에도 불구하고 이 의식은 자신이 말하고 있는 것이 곧 신의 법이라고 진술할 것이다. 그 결과 이 의식을 어기는 자는 그 자체 신의 법을 어기는 자라고 진술할 것이다. 그가 이 의식을 따르면서 실천적인 영역에서 신의 법에 반하여 행하는 것을 막지 않는다면 그는 죽음의 죄(대죄)를 범하게 될 것이다. 그는 그의 오류 그 자체 때문에 죄를 범하게 될 것이다. 왜냐하면 이 오류의 의식은 그가 반드시 알아야만 하는 것에 대해 무지함을 야기하기 때문이다.

4. 의식이 제 역할을 하지 못할 때, 이 의식을 교정해야만 한다. 그러나 의식이 제대로 작동함에도 불구하고 이 의식에 반하여 행한다면, 이는 죽음의 죄(대죄)를 짓는 것이 될 것이다. 따라서 이 넷째 논의는 오류의 의식이 우리를 강제하지 못할 것이라는 것을 증명하지 못한다. 다만 이 오류의 의식

이 절대적으로 그리고 십중팔구 우리를 강제하는 것은 아니라는 사실을 증명할 뿐이다.

5. 우리가 이러한 논의로부터 내릴 수 있는 결론은 오류의 의식에 반하여 행동하면 죄를 짓는 것이라는 의미로서 (오류의 의식이) '강제하지 못함'이 아니라, 사람들이 이 오류의 의식을 따를 때 짓게 되는 죄에 대해서 (이 오류의 의식이) 변명이 될 수 있다는 것이다. 따라서 논의는 적절한 것이 아니다. 그런데 이러한 결론은 오류 그 자체가 어떠한 죄도 함의하고 있지 않을 때, 가령 오류의 의식이 사태 그 자체에 대해 무지할 때에는 수용 가능하다. 그러나 법에 대한 무지에 관계할 때는 그렇지 않다.[122] 이러한 무지는 그 자체 죄를 지을 수 있는 성향이기 때문이다. 다른 한편 그가 알고 있어야 했을 이러한 법에 대한 무지를 세속적인 법정 앞에서 내세운다는 것은 변명이 될 수 없다.

6. 우리는 자연적 이성 안에서 오류의 의식이 규정하는 것에 반하는 결론을 발견할 수 있다. 즉 오류의 의식이 중립적인 영역과 내적으로 나쁜 영역에서 오류를 범할 수 있다는 사실을 발견할 수 있다. 그럼에도 불구하고 자연적 이성(양심)이 사태에 대한 태도를 표명하지는 않는다는 것은 사실이다. 왜냐하면 만일 자연적 이성이 항상 (의식이 범한 오류에 대해) 반대의 의미를 결론짓는다면, 의식의 오류는 있을 수가 없기 때문이다.

7. 중립적인(무관심한) 행위는 선과 악 사이의 중간적인(중재적인) 위치에 자리 잡고 있다. 그럼에도 불구하고 이 행위가 계율 아래에 놓여 있다고 믿게 되는 사람에게 있어서는, 이 행위에 대해 그가 지니게 되는 신념에 의해서 더 이상 이 행위가 '중립적인' 행위로 고려되지 않는다.[123]

8. (타인과) 육체적인 관계를 맺을 수밖에 없다는 의식을 가진 자에게 난처함은 절대적인 것이 아니다. 왜냐하면 그가 어떤 식으로든 죄를 피할 수 있는 대안은 마련될 수 있기 때문이다. 사실상 그는 그의 이러한 오류의 의식을 던져버릴 수 있다. 그는 상대적으로만, 즉 그의 오류의 의식이 지속된다는 한에서만 난처함에 처해 있는 것이다. 이러한 조건 아래에서 그 어떤 것도 죄를 피할 수는 있다는 사실을 방해하는 것은 없다. 이와 유사하게 적선을 하고자 하면서 헛된 영광을 바라고 있는 사람이라고 한다면 죄를 피할 수 없을 것이다. 왜냐하면 그가 적선을 하게 된다면 그는 그의 의도를 통해서 죄를 범하는 것이 될 것이며, 적선을 하지 않는다면 자비를 베풀어야만 하는 계율을 어기는 죄를 범할 것이기 때문이다. (그러나 그의 헛된 영광이라는 그의 의도를 버리게 되면 죄를 짓지 않을 수 있는 것이다.)

9. 오류의 의식이 어떤 것을 해야 한다고 명령할 때, 만일 이 오류의 의식이 어떤 종류의 선善이라는 이름을 통해서 이를 명령할 수 있다면 이 선善이란 정의를 실현하는 것, 인내

하는 것, 혹은 다른 이와 유사한 것들일 것이다. 이때부터 그는 그의 (올바른) 의식에 반하는 행위를 하면서, 의식의 명령으로부터 특수하게 발생하는 덕에 반대되는 사악함에 빠질 것이다. 만일 그의 의식이 신의 계율이나 고위 성직자의 계율의 이름만으로 명령한다면, 그의 의식에 반하여 행하면서 그는 불순명의 죄에 빠질 것이다.[124]

제5장 중립적인 행위에 있어서 오류의 의식은 고위 성직자의 계율보다 더 강제적인가?[125]

중립적인 행위[126]에 있어서 오류의 의식은 고위 성직자의 계율보다 덜 강제적이라는 견해에는 다음과 같다.

1. 오류의 의식이 보다 덜 강제적일 것이다. 왜냐하면 종교적 영역에서 아랫사람은 그의 장상praelector[127]에게 순명의 서약을 하기 때문이다. 그런데 〈시편〉 75장 12절에 "서약을 하고 이를 이행하시오"라고 쓰여 있듯이, 이러한 서약을 이행해야 한다. 따라서 아랫사람은 (만일 그의 의식이 서약을 거부한다면) 그의 의식에 반하여 그의 상관에게 순명해야 한다. 따라서 의식보다는 상관이 더 강제력이 있는 것이다.
2. 신에게 일치하지 않는 것에 있어서는 항상 장상의 명령

에 순명해야 한다. 중립적인 행위들이 신의 뜻과 일치하지 않는 만큼 이 경우는 항상 장상의 명령에 순명해야 한다. 따라서 결론은 위의 것과 같다.

3. 다른 한편 〈로마서〉 13장 2절에 대한 주석서[128]에는 "더 낮은 상관보다는 더 높은 상관에게 복종해야 한다"고 쓰여 있다. 그런데 고위 성직자들의 영혼이 명령을 이행하는 주체의 영혼보다는 상위에 있다. 따라서 이 주체는 자신의 고유한 의식의 명령보다는 상위 성직자의 명령에 더 복종해야 한다.

4. 게다가 아랫사람은 고위 성직자의 계율을 판단할 수 없으며, 오히려 고위 성직자가 아랫사람의 행위들을 판단한다. 따라서 만일 그의 고유한 의식을 통해서 고위 성직자의 명령을 어긴다면 이는 고위 성직자의 명령을 판단하는 것이 될 것이다. 의식의 모든 항의들에도 불구하고 중립적인 영역에서는 고위 성직자의 명령을 따라야 한다.

반대의 견해 : 중립적인 행위에 있어서 오류의 의식이 교회의 계율보다 더 강제적이라는 견해들은 다음과 같다.

정신적인 관계는 육체적인 관계보다 더 강하며 내적인 관계는 외적인 관계보다 더욱 강하다. 그런데 의식은 하나의 정신적인 관계이며 내적인 관계이지만, 고위 성직자의 권한은 하나의 외적인 관계이며 엄밀히 말하자면, 신체적인 관계이다. 왜냐하면 모든 성직자의 직무란 시간적인 기구들의 업무이기에, 〈고린토전서〉 15장 24절에 대한 주석서[129]가 말해주듯이 사람들이 영원성에 임할 때에 이 직무는 철수하게 될 것이기 때문이다. 따라서 그의 상관에 복종하기보다는 그의 의식에 복종해야 할 것이다.

답변 : 위의 두 대립되는 견해에 대한 토마스 아퀴나스의 견해

이 문제의 해결책은 앞서 말한 것에서 매우 분명하게 나타나고 있다. 사실상 우리는 이미 의식은 신성한 계율에 의해서만 의무를 가진다고 말한바 있다. 이 계율은 기록된 법 legem scrimtam을 통해서 형성되거나 자연법(본성의 법)legem naturae을 통해서 형성된다. 의식conscientia[130]의 구속을 고위 성직자의 계율에 비교한다는 것은 정확히 신성한 계율의 구속을 고위 성직자의 계율의 구속에 비교하는 것과 같은 것이다. 그런데 신성한 계율이 고위 성직자의 계율에 반하면서까지 우선적으로 강제하듯이, (윤리적) 의식 또한 우선적으로 (우리에게) 강제할 것이며 나아가 고위 성직자의 계율에 반하면서까지도 우리에게 강제할 것이다.

어쨌든 올바른 의식과 오류의 의식은 서로 다르게 작용할

(의무를 부과할) 것이다. 올바른 의식은 고위 성직자의 계율에 대항하여 절대적으로 그리고 완벽하게 강제할 것이다. 절대적으로 강제할 것이다. 왜냐하면 죄를 짓지 않고서는 결코 이러한 의식에서 이탈할 수 없기에, 이 의무는 결코 쇠퇴하지 않기 때문이다.[131] 완벽하게 강제할 것이다. 왜냐하면 올바른 의식은 이를 따르지 않는 사람이 죄를 짓게 될 것이라는 방식으로만 강제하는 것이 아니라, 자신을 따른다면 고위 성직자의 계율에 반한다 할지라도 죄로부터의 안전한 피신처에 있게 된다는 방식으로 강제하기 때문이다. 반면 오류의 의식은 중립적인 영역에서조차 고위 성직자의 계율에 반하여 의무를 부과하는데, 조건부로 그리고 불완전하게 강제하는 것이다. 조건부로 강제할 것이다. 왜냐하면 이 오류의 의식은 모든 가능한 것에 있어서가 아니라 이 오류의 의식이 지속한다는 한에서만 강제하기 때문이다. 왜냐하면 사람들은 이러한 오류의 의식으로부터 이탈할 수가 있으며, 이탈해야 하기 때문이다. 불완전하게 강제할 것이다. 왜냐하면 오류의 의식이 부과된 의무를 따르지 않을 경우 의심의 여지 없이 사람들은 죄를 짓게 될 것이지만, 그럼에도 상관의 명령에 반하여 이를 따를 경우 죄를 피할 수 있는 것은 아니기 때문이다. 어쨌든 상관의 명령은 이 중립적인 주제에 대해서 의무를 부과한다고 전제하는 것이다. 이 경우에는 사람들이 죄를 짓게 될 것인데, 자신의 의식에 반하는 것이기에 행하

지 않는 방식으로, 혹은 고위 성직자의 명령에 불복종하면서 행하는 방식으로 죄를 짓는 것이다. 다른 한편 의식이 지속하는 한, 의식이 명령하는 것을 이행하지 않는다면 보다 큰 죄를 짓는 것이다. 왜냐하면 의식은 고위 성직자의 명령보다 더 강하게 의무를 부과하기 때문이다.

해결책 : 중립적인 행위에 있어서 오류의 의식은 고위 성직자의 계율보다 덜 강제한다는 견해에 대한 답변들

1. 순명의 서약을 하는 사람은 자신이 순명을 서약하는 분야에서 순명을 해야만 한다. 하나의 의식의 오류를 통해서이 의무가 면제되는 것은 아니며, 의식이 부과하는 이 의무를 통해서도 이 순명의 의무에서 면제되는 것은 아니다. 이처럼 사람들은 필적할 수 없는 두 가지 의무의 충돌 아래에 놓이게 된다. 하나는 의식의 의무인데, 강력하게 지니고 있지만 안정을 위해서 이를 양보하는 것이다. 다른 하나는 이와 반대이다. 왜냐하면 상관과의 관계들은 마치 오류의 의식을 버릴 수 있는 것처럼 그렇게 풀릴 수 있는 것이 아니기 때문이다.

2. 어떤 업무는 그 자체 무관심한 것(중립적인 것)일 수 있다. 그럼에도 불구하고 의식의 판단에 따라서 (중립성이) 멈추어질 수 있다.

3. 고위 성직자가 상관임에는 틀림이 없지만 하느님은 이보다 더 큰 분이다. 그런데 의식이 부과하는 것은 신성한 계율의 이름으로 부과한 것이다. (따라서 의식이 고위 성직자보다 더 크게 강제하는 것이다.)

4. 하위자는 고위 성직자의 계율을 판단할 수가 없다. 그러나 그의 소임인 계율의 수행에 있어서는 판단할 수가 있다.[132] 그것이 자연적인 것이든 획득한 것이 주입된 것이든 간에, 사실상 누구라도 그가 신으로부터 부여받은 의식에 따라 그의 행위들을 검토할 수 있다. 왜냐하면 모든 인간은 이성에 따라 행동해야 하기 때문이다.

절대적인 진리,
최후의 진리를 향한
중단 없는 추구

1. 토마스 아퀴나스가 살았던 시대

(1) 격동의 13세기와 탁발 수도회

토마스 아퀴나스는 가장 위대한 중세철학자 중 한 사람으로, 그의 생애에 관한 책들은 많지만 그의 인격을 제대로 소개하고 있는 책들은 많지 않다. 대부분의 책들은 그의 위대한 학자로서의 이미지만 부각하고 있다. 사실 토마스 아퀴나스를 떠올리면 '신학자'이자 '철학자'라는 것 이외에 떠오르는 것이 별로 없다. 그만큼 그는 단순한 삶을 살았고, 오직 학문에 몰두한 학자로서 평생을 살았다. 다섯 살이라는 어린 나이로 몬테카시노의 베네딕트 대수도원에 의탁된 그는, 20세에 도미니크회의 정식 수도자가 되었다. 이후 1274년 49세의 젊은 나이로 임종하기 전까지 오직 평수사로서 학문적 추구에만 몰두했다. 그의 삶은 참으로 단순했다. 그러나 이러한 그의 단순한 삶에 대한 이미지는 역설적으로 그의 생애에 관한 궁금증을 야기하고 있다. 단순하게만 알려진 그의 삶은 어떠했을까? 그는 진정 어떤 사람이었을까?

토마스 아퀴나스를 제대로 이해하기 위해서는 우선 그가 살았던 시대적인 배경과 스콜라철학에 대해 이해하는 것이 필요하다. 토마스가 살았던 시기는 13세기다. 그렇다면 서구 역사에서 13세기란 어떤 시대였는가? 13세기에 대한 학자들의 평에는 두 가지가 있다. 하나는, 13세기는 서구 역사상 가장 서구다운 시기였고 '기독교적인 서구 문화가 확고하게 자리를 잡게 되는 황금기'로 평하는 것이다. 다른 하나는, '그리스도의 지성이 위기에 처했던 격동기의 시대'라는 것이다. 물론 이 두 엇갈리는 평은 하나가 진실이고 다른 하나가 거짓인 것이 아니라 13세기라는 복잡한 시기가 지니고 있는 역설적 상황 , 즉 위기와 격동기를 헤쳐나가면서 오히려 가장 풍요로운 중세의 문화를 형성했음을 말해주는 것이다.

서구 유럽 사회의 13세기는 표면적인 이미지만 보자면 가장 불행했던 시기요, 가장 비참했던 시기다. 그러므로 위기의 시대인 것이 사실이다. 다른 무엇보다 13세기는 그리스도교 사회에 있어서 '격동기' 혹은 '위기'의 시대였다는 것은 분명하다. 유럽의 13세기는 초기와 중기 그리고 말기 전체를 통해서 십자군 전쟁이 지속되던 시대였다. 이미 한 세기 이상 세 차례나 되풀이되었던 십자군 전쟁은 1202년에 네 번째 전쟁을 시작하게 되고, 5차 십자군 전쟁, 6차 십자군 전쟁을 거쳐 1270년에는 7차 십자군 전쟁이 시작된다. 십자군 전쟁이 완전히 끝난 것은, 8차 전쟁이라고 할 수 있는 1291년 루이 9세의 안티오키아 탈환 원정과 더불어서이다. 이 원정에서 루이 9세가 사망하고 시리아의 요새들도 잇따라 빼앗기다가 결국 아콘을 상실하면서 그리스도교의 최종적인 패배로, 2세기 동안 걸쳐왔던 지루한 종교전쟁이 끝난다. 이후 교황권의 쇠퇴와 세속화가 가속화되고 정교의 분리가 발 빠르게 진행되었다.

이슬람의 철학자들로부터 도입된 아리스토텔레스의 사상은 초기에는 '이교도 사상'으로 낙인 찍혔지만, 중기에는 금서 목록에 들어 있던 아리스토텔레스의 저서들이 공공연히 연구되고 강의되었다. 그러다가 후기에는 '유럽의 곳곳에 설립된 대학들'의 인문학부에 의해서 아리스토텔레스의 저서들을 공부하는 것이 필수 과목으로 지정되기도 했다. 이는 전통적인 교회의 입장에서 보면 정치적인 추락에 이은 사상과 신념의 추락을 의미하는 것이기도 했다.

13세기는 교회가 이슬람의 세력뿐 아니라 아시아의 기마 민족의 위협을 받고 있던 시기이기도 하다. 당시 몽고 민족의 영토 확대에 밀려, 터키를 비롯한 동구 민족들이 본의 아니게 유럽사회로 진출하게 되었는데, 유럽사회의 입장에서는 이것이 야만인의 침입, 즉 하나의 위협으로 보였던 것이다. 오랜 세기에 걸친 아랍 민족들의 유럽 그리스도교 문화

에의 침투와, 소위 야만인의 침입으로 알려진 동아시아 기마 민족의 침투로 유럽의 그리스도교 사회는 정치적인 영역뿐 아니라 문화 전반에 있어서 위기를 맞게 된 것이다. 나아가 '대학(스콜라)'의 영향으로 성숙하게 된 유럽의 지성인들 사이에는 새로운 진보적인 사유에 목말라하는 기류가 형성되었고, 일반 신도들은 더 이상 교회 제도의 권위에 의존하지 않았다. 가톨릭 교회로서는 더 이상 교회의 지상권을 유지할 수 없었고, 교회의 지침이나 금지령 등은 더 이상 신자들의 행동에 실질적인 영향력을 발휘할 수도 없었다.

'인간은 위기 상황을 맞이해서만 자신의 가능성을 최대한 발휘하게 된다'고 하는 고전적인 진리가 당시의 유럽 가톨릭 사회에서도 그대로 적용된 것일까, 이러한 위기 상황은 어떤 관점에서 보면 오히려 중세의 그리스도교 사회가 전통의 틀에 안주하지 않고 눈부시게 도약하게 되는 기폭제 역할을 하게 된다. 그중 하나가 완전히 새로운 가치관과 비전을 가지고 나타난 '탁발 수도회'라는 것이고 다른 하나가 '스콜라', 즉 대학의 설립이었다.

13세기 초기에 혜성처럼 나타난 두 개의 탁발 수도회는 프란체스코 수도회와 도미니크 수도회였다. 유럽의 문화를 근본적으로 바꾸어놓게 될 이 두 수도회의 탄생 동기는 아이러니하게도 가장 비극적인 사건이었던 십자군 전쟁에 있다. 부처가 왕자의 직위를 버리고 수행의 길에 나선 것이 당시의 비참한 평민들의 삶을 목격하면서이었듯이, 프란체스코 성인과 도미니크 성인은 모두 십자군 전쟁의 너무나 비참한 상황을 생생히 목격하면서 '수도의 길'로 나서게 된다.

영화를 통해서도 매우 잘 알려져 있는 프란체스코 성인은 요즘으로 치면 기업 총수 집안의 독자로서 장래가 보장된 좋은 환경에 있었지만, 그는 십자군 전쟁에 출전하여 전쟁터에서의 잔인하고 악마적인 인간의 행위들을 보면서 '무엇이 영혼의 자유와 행복'을 가져다줄 것인가를 고민하게 된다. 이에 모든 것을 버리고, 자신이 입고 있던 속옷마저 자신의 아버지에게 돌려주고 알몸으로 숲으로 들어갔다. 그리고 온갖 자연의 생명들과 벗하고, 버림받은 숲속의 문둥병자들을 돌보며 오직 '가난과 인간애'만으로 평생을 보내게 된다. 이러한 청빈과 박애의 정신이 세간에 알려지면서 하나둘씩 뜻을 같이하는 이들이 모여들고 '프란체스코 수도회'가 탄생하게 된 것이다.

프란체스코 수도회보다 좀 더 늦게 출발한 도미니크 수도회는 스페인의 한 성당의 사무장이었던 도미니크에 의해서 설립되었다. 당시 로마의 교황청에서 열리는 '회의에 참여'하기 위해 떠나는 본당 신부를 보좌하여 여행길에 나선 그는, 프랑스 남부 지방을 가로질러 여행하게 되었다. 그리고 십자군 전쟁에 의해 폐허가 된 삶의 터전에서 비참하게 살고 있는 평민들을 한 달 동안 목격하게 된다. 경작지가 파괴

되고 윤리와 도덕이 파괴된 그들의 삶의 터전은 가히 지옥을 방불케 하였다고 전기는 전하고 있다. 그리하여 사무장 도미니크는 그들을 인간답고 그리스도인답게 살 수 있도록 하는 데 남은 인생을 바칠 것을 결심하게 된다. 교황에게 허락과 지원을 약속받고 돌아오는 길에 프랑스의 한 남부 지방에서 작은 구호소를 마련한 그는, 집과 부모를 잃고 경작지를 잃어버린 이들을 구호하기 시작한다. 그러나 그는 가장 근본적으로 그들에게 필요한 것이 교육이라는 것을 깨닫게 된다. '올바른 인생관과 가치관을 가지게 하는 것', 그리고 '인간이 인간답게 사는 것이 무엇인지'를 깨닫게 하는 것만이 그들을 지옥과 같은 비참함에서 벗어나게 하는 유일한 방법임을 깨달은 것이다. 이렇게 하여 그는 우여곡절 끝에 오직 교육에만 전념하는 탁발 수도회를 탄생시킨 것이며, 십자군 전쟁의 비참함이 역설적이게도 한 무명의 성당 사무장을 수세기에 걸쳐 빛을 발할 수도회의 창립자로 바꾸어버린 것이다.

이러한 두 탁발 수도회의 삶과 정신은 당시 유럽 교회의 암울함과 무기력함에 회의를 느끼던 젊은이들에게는 한 줄기 빛과 같은 것이었다. 이 수도회들은 청빈, 겸손, 박애, 그리고 '무소유와 영혼의 자유'라는 복음서의 정신으로 무장하였고, 밝고 경쾌하고 빛이 났다. 이들의 숫자가 늘고 그 영향력이 확대되자 자연히 기존의 교회 기득권자들과 마찰을 빚게 되고 박해도 뒤따르게 된다. 그도 그럴 것이 많은 토지와

경제적인 부, 그리고 무소불위의 권위를 가지고 있던 수도회들이, 자신들과 정반대의 '무소유'와 '겸손'을 근간으로 하는 신진 수도회들을 반길 수는 없었기 때문이었다. 전기에 의하면 파리의 도미니크회는 위협자들의 협박에 의해 24시간 병사들의 호위가 필요했다고 전하고 있다. 그러나 어둠은 빛을 밝히면 자연히 사라지듯이 이 탁발 수도회들은 점차 유럽 가톨릭 사회의 정신적인 지주처럼 성장하게 된다. 특히 도미니크 수도회가 파리에 정착하면서 맺은 가장 큰 결실은 토마스 아퀴나스라는 불멸의 철학자를 낳았다는 것이다. 후일 도미니크회가 유럽의 가톨릭 수도회를 대표하는 수도회 중의 하나가 된 것은 바로 토마스 아퀴나스라는 성인이자 철학자 덕분이다.

(2) 스콜라철학과 대학의 성립

13세기가 '가장 풍요로운 중세 문화를 형성한 시기'라고 불리는 것은 탁발 수도회가 복음 정신에 입각해 새로운 수도원 문화를 창조한 것에 크게 힘입고 있지만, 무엇보다도 핵심적인 요인은 대학의 성립에 있다. 그리고 '스콜라철학'이라는 말이 철학사에서 일반명사처럼 알려지게 된 것도, 이러한 '스콜라(대학)'의 성립이 그리스도교 문화를 보편적인 유럽의 문화로 자리 잡게 했음을 말하고 있는 것이다. 다시 말해 스콜라의 성립은 더 이상 그리스도교가 '한 민족의 역사적 종교'가 아닌 인류를 위한 보편적인 문화로 도약했음을 말하고 있는 것이다. 이를 보다 잘 이해하기 위해 '대학의 성립'과 '대학 문화'에 대해서 간략하게 살펴보는 것이 도움이 될 것이다.

오늘날 우리가 말하고 있는 대학의 라틴어 표현은 '우니베르시타스universitas'이다. 12세기 초반에 볼로냐대학, 파리대학, 옥스퍼드대학, 케임브리지대학 등이 생겨나기 시작했으며, 13세기에 완전히 그 모양새를 갖추었다고 볼 수 있다. 대학이 생기기 이전에도 교육이나 연구기관들이 있었는데, 이 기관들은 대개 교회나 수도원에서 운영하는 '스투디움 제네랄레Studium Generale'였으며, 오늘날의 연구소 혹은 단과대학(칼리지)에 해당한다고 볼 수 있다. 따라서 대학이 성립되기 이전의 교육기관은 당시 가톨릭 교회의 교의나 《성경》, 그리고 신학을 가르치기 위한 것이었고, 성직자나 수도자 혹은 이를 지망하는 학생들을 위한 것이었다. 그러나 대학은 이와는 전혀 다른 교육기관이었다. 우선 대학은 교회의 기관이 아니라 교수와 학생들이 중심이 된 조합이었다. 가르치는 과목도 초기에는 문법, 변증법, 수사학, 산술, 기하, 음악, 천문 등의 7학과였으나 점차 신학, 철학, 문학, 역사, 의학, 법학 등으로 과목이 늘어났으며, 현대의 대학의 모습과 흡사해졌다. 그리고 이 대학들의 주인은 그 지역의 교회가 아니라 학생들과 교수들의 조합 형식으로 구성되었다. 그리고 그 행정적

권한 역시 대개 교황 직속이었기에, 그 지역의 교회 기관으로부터도 독립성과 자율성이 상당히 보장되는 그러한 기관이었다. 따라서 교회의 '지침'이라든가 '금지'라든가 하는 것이 이 대학에서는 크게 효력을 발휘할 수 없었다. 다시 말해서 대학은 이전까지 교회의 품안에 있던 교육기관을 '도시' 한복판으로 끌어낸, 말 그대로 만인을 위한 보편적인 교육기관이었다.

대학은 더 이상《성경》의 진리를 해석하거나 교회의 가르침을 전파하는 기관이 아닌 모든 것을 탐구하고 검증하는 학문의 장으로, 그리고 당대의 문제들을 논쟁하는 장소로 자리 잡았다. 더 나아가 대학은《성경》이나 교부들 혹은 선대의 철학자들의 권위를 통해 탐구하지 않고, 철저하게 논리적이고 합리적이며 이성적인 추론을 통해 진리를 탐구하기 시작했다. 만약 스콜라철학자들이 교부들의 진술을 근거로 진리를 논한다면 그것은 교부들의 권위 때문이 아니라 그것이 진리였기 때문인 것이다. 바로 이러한 분위기 속에서 토마스 아퀴나스라는 스콜라철학의 거장이 13세기의 가장 위대한 지성으로 등장한 것이며, 서양 중세 사상의 가장 상징적인 용어인 '스콜라철학'을 완성했던 것이다.

이러한 13세기의 흐름은 스콜라철학의 발전과 성장 과정을 짐작할 수 있게 한다. 흔히 사람들은 '스콜라철학'을 '서양 중세철학'의 다른 이름으로 이해하기도 하는데, 이는 올바른 것이 아니다. 중세철학을 시기별로 나누면 크게 '교부철학과 스콜라철학'으로 나눌 수 있으며, 스콜라철학은 또한 초기-중기-후기 세 부분으로 나눌 수 있을 것이다. 교부철학은 예수 그리스도의 가르침과 열두 사도들의 가르침 등을 바탕으로 '그리스도교의 신학 및 교의'를 체계화했던 중세 초기의 교부들(주로 교회의 성직자들)의 철학을 말하는데, 일반적으로 아우구스티누스를 비롯하여 보에티우스, 위偽 디오니시우스를 교부철학을 완성한 대표자들로 꼽을 수 있다.

스콜라철학은 교회나 수도원의 부속학교인 스투디움 제네랄레에서부터 출발하고 있는데, 시기상으로는 9세기 이후의 철학이라고 할 수 있다. 9세기의 대표적인 스콜라철학자라면 에리우게나를 꼽을 수 있으며, 11세기에는 안셀무스를 꼽을 수 있다. 11세기와 12세기에 걸쳐 아벨라르두스, 그리고 플라톤의 사상을 잇고 있는 신비주의자들인 샤르트르 학파와 시토회의 창시자인 클레르보의 베르나르두스, 성 빅토르 학파, 피오레의 요하킴 등이 모두 초기의 스콜라철학자들이다.

중기의 스콜라철학은 '전성기 스콜라철학'이라고 할 수 있는데, 이는 아리스토텔레스의 사상을 받아들여 보다 보편적이고 철학적으로 연구된 '대학의 철학'을 지칭하고 있다. 이 시기의 학문적 분위기는 아랍 철학들에 의해서 전파된 아리스토텔레스의 사상을 바탕으로 가톨릭의 사상을 재정립하는 과정이라고 요약할 수 있다. 1210년에 파리에서는 아리스토텔레스의 사상을 연구하거나 강의하는 것이 금지되었고 1231년, 1245년, 1263년에 재차 금지령이 내려졌지만, 아리스토텔레스의 사유들이 당시 대학의 정신과 시대정신에 부합한다는 사고는 점차 강해지고 있었다. 1231년 교황 그레고리우스 9세는 "전문적인 철학자들이 아리스토텔레스의 철학적 저술들의 가치를 인정하게 되면, 금지는 해소되어야 한다"고 칙명을 발표했는데, 이로써 사실상 '금지'는 해소된 것이다. 이후 아리스토텔레스의 철학은 파리대학의 인문학부에서 필수 과목이 되기도 하였다. 이와 더불어 스콜라철학은 전통적인 가톨릭 사상을 보편적 철학으로 재정립하게 되는 하나의 이정표로서 아리스토텔레스의 저작과 사상을 수용하게 된 것이다. 토마스 아퀴나스는 자신의 저서들에서 아리스토텔레스를 인용할 때, 아리스토텔레스의 이름 대신 '철학자'라는 일반명사를 사용하여 최고의 영예를 표현했다. 즉 유일하게 아리스토텔레스의 말을 인용할 때면 "철학자가 말하기를……"이라고 표기했던 것이다.

잘 알려지지 않은 전성기의 학자들로는 오베르뉴의 기욤, 파리대학 사무총장인 필립 같은 파리 신학자들, 수학자이자 광학자였던 로버트 그로스테스, 호제 베이컨, 요크의 토마스 같은 옥스퍼드대학의 학자들이 있다. 그리고 우리에게 익히 잘 알려져 있는 철학자로는 플라톤과 아우구스티누스의 전통을 잇고 있는 프란체스코 학파의 보나벤투라와 둔스 스코투스가 있으며, 도미니크회 수도회의 정신적 대부이며 '만물박사'라는 별칭을 가진 토마스 아퀴나스의 스승 알베르투스 마그누스, 그리고 도미니크 학파의 꽃이자 스콜라철학의 완성자로 불리는 토마스 아퀴나스, 그 밖에 신비주의자로 불리는 마이스터 에크하르트 등이 있다. 후기 스콜라 학자들로서는 '면도날'이라는 별명을 가진 오캄, 쿠자누스 등이 있다. 이들 후기 스콜라 학자들은 어떤 의미에서는 '근대를 준비했던 중세철학자들'이라고 할 수 있다.

이상 살펴본 것과 같이 스콜라철학의 형성 과정에서의 그 정신적인 면모를 요약하면 다음과 같을 것이다. 교부철학이 플라톤 전통에 입각한 영성적이고 초월적 성격이 강했다면, 스콜라철학은 대학의 성장과 더불어 보다 학문적이고 이성적인 방법으로 진리를 탐구했다고 할 수 있다. 스콜라철학 초기는 주로 교부들에 의해 전해진 철학적 단편집을 재조명하고 집대성했던 시기라고 할 수 있다. 《명제집》이나 《성경》 주해, 《영혼론》 주해, 그리고 '대전' 형식의 저술들이 당시에 주로 쓰였으며, 비록 본격적인 것은 아니었으나 논리학이나 수사학 등도 발달하기 시작했다. 그리고 전성기의 스콜라철학은 대학의 성립과 더불어 보다 체계적이고 보편적인 학문적 탐구를 시작했는데, 이에 가장 크게 영향을 미친 것은 아리스토텔레스의 철학이며, 철학적 탐구의 도구로서 논리학과 '이성의 합리성'이 크게 발달했다. 초기까지만 해도 이성은 신앙의 도구로서의 역할─철학은 신학의 시녀이다─을 견지해왔으나, 중기의 스콜라철학은 그동안 긴장 관계에 있던 '신앙과 이성'의 조화를 이루어냈다. 즉 이성은 더 이상 신앙의 시녀가 아니라 신앙과 어깨를 같이 하는 동반자의 역할을 하게 되었고, 둘은 '조화'를 이루었던 것이다. 그리고 이러한 업적의 중심에 토마스 아퀴나스가 있다. 그는 그의 '대전'들을 '정-반-합'이라는 변증법적 '논증'의 형식으로 저술하였으며, 그의 《신학 대전》은 그 자체 거대한 하나의 논문 혹은 '과학적 신학'이라고 불린다. 이처럼 이성의 합리적인 논의를 통해 논리적인 모순이 없는 자기 완결성을 지닌 '대전'들이 쏟아져 나온 것은 바로 이러한 논리학과 이성의 역할이라고 할 수 있다.

그리고 이미 전성기 스콜라철학에서는 과학적 사유와 근대적 사유가 발달하기 시작했는데, 옥스퍼드대학에서 활동한 로버트 그로스테스는 《빛에 관하여》라는 저술을 통해 최초로 광학 이론을 설파하기도 했으며, 모든 우주 현상을 빛에 의해 해명하고자 했다. 나아가 로저 베이컨은 경험론과 과학적 관찰을 중시하여 근대 경험론에 지대한 영향을 미쳤다. 스콜라철학에서 간과할 수 없는 하나는 신비주의의 발전이었다. 12세기 초 샤르트르 학파에 의해서 발전된 신비주의는 마이스트 에크하르트에게서 정점에 도달했다고 할 수 있다. 스콜라철학의 신비주의는 오늘날 여전히 시토 수도회, 가르멜 수도회, 카르투시오 수도회 같은 관상 수도회들의 정신적인 지주가 되고 있다. 불행히도 우리가 가장 잘 알고 있는 에크하르트의 사상은 당시 이교도 사상으로 이해되어 가톨릭에서 파문되었다. 그가 '교회 박사'나 '성인'의 대열에 들지 못하고 단지 '스승 에크하르트'의 칭호만 지니고 있다는 점도 아쉬울 뿐이다.

스콜라철학에서 가장 비중 있게 다루어진 문제들이라면 신 존재 증명의 문제, 신앙과 이성, 보편논쟁, 존재의 문제, 주지주의와 의지주의 문제 등이 있다. 우선 스콜라철학자들은 신의 존재를 단순히 믿음을 통해서 믿는 것이 아니라 이성적으로 이해할 수 있다—신이 무엇인지 몰라도 신이 존재한다는 것을 알 수 있다—고 생각했는데, 이는 곧 그들의 신앙을 이성적으로 이해하고자 한 것이다. 안셀무스의 '존재론적 증명(본체론적 증명)'과 토마스 아퀴나스의 '신 존재 증명의 5가지 길'은 가장 잘 알려진 이론들이다.

신앙과 이성의 문제에 있어서는 점차 중기로 오면서 이성의 역할을 중시했는데, 교부철학자인 아우구스티누스가 "나는 알기 위해 믿는다"라고 한 데 비해, 토마스 아퀴나스는 "믿기 위해 이해한다"고 말했다. 그렇다고 해서 신앙이 단순히 이해의 결과물로 생각된 것은 아니다. 토마스 아퀴나스는 "만일 모든 것을 이해해버린다면 믿음은 그 장점을 완전히

상실하고 말 것이다"라고 하여 믿음을 단순히 이해의 결과로
본 것이 아니라, 이성적으로 이해할 수 없는 것을 수용할 수
있는 어떤 내적인 능력으로 보았다.

'보편논쟁'은 사실 플라톤과 아리스토텔레스의 사상이 중
세에서 다시 격돌하게 된 것으로 실재론, 유명론, 개념론으
로 크게 나뉜다. 실재론이란 이데아와 같은 보편자가 개별자
에 앞서 실제로 존재한다는 것이며, 유명론이란 보편자는 단
순히 이름뿐인 것으로 개별자들을 추상해서 관념적으로 산
출한 것에 지나지 않는다고 보는 입장이다. 반면 개념론은
이 두 사유를 절충한 것인데, 보편자는 개별자의 내부에 존
재한다고 보는 아벨라르두스의 입장이다. 다시 말해 보편자
는 인간 정신에 있어서는 개별자를 판단하는 기준이 되기에
개별자에 앞서는 것이며, 인식 과정에 있어서는 개별자 이후
에 오는 것이요, 존재론적으로는, 즉 실제 자연 안에서는 개
별자의 내부에 본성처럼 존재하는 것이다.

'존재의 문제'는 주로 실체 개념과 맞물려 본질과 실존, 형
상과 질료 등 인간의 영혼 개념과 더불어 중요하게 다루어진
것이다. 특히 실존esse(존재 현실력 혹은 존재 행위) 개념은 아
리스토텔레스가 전혀 생각하지 못한 것으로, 어떤 것이 존재
하기 위한 조건으로서의 존재하는 힘(현실력) 혹은 존재 행
위 그 자체를 의미한다. 대부분의 중기 스콜라철학자들은 이
러한 존재하는 힘은 그의 본질로부터 기인하지 않는다는 것

에 주목했다. 이로써 모든 존재하는 것은 존재 자체(신의 존재)로부터 존재를 분유받는다는 '분유론'이 탄생했고, 아베로에스 같은 아랍 철학자들은 "실존은 본질의 한 속성일 뿐"이라 주장하며 분유론을 부정했다.

'주지주의와 의지주의의 문제'는 윤리학에서 선善의 실천과 관련된 것으로 선을 행하는 데 있어서 앎(이해)이 중요한가 선의지善意志가 중요한가 하는 문제인데, 전자는 주로 도미니크 학파에 의해서 지지되었고 후자는 프란체스코 학파에 의해서 지지되었다.

스콜라철학에서 흥미로운 점은 대부분의 위대한 스콜라철학자들은 각기 고유한 별칭을 가진다는 것이다. 알베르투스 마그누스는 '보편적 박사Universaliis', 토마스 아퀴나스는 '천사 박사Doctor Angelicus', 보나벤투라는 '치천사 박사Doctor Seraphicus', 로저 베이컨은 '경이로운 박사Doctor Mirabilis', 둔스 스코투스는 '섬세한 박사Doctor Subtilis', 오캄은 '무적의 박사Doctor Invincibilis' 등의 별칭을 가지고 있었다. 물론 이러한 명칭은 후대가 붙인 이름들이다. 이러한 별칭들은 각기 그들의 고유한 학문적 특성에 따라 붙인 것으로 그들의 개성을 짐작할 수 있게 해준다. 즉 당시 철학자들은 스콜라철학과 함께 고유한 자신만의 사상을 소유한 개별적인 철학자들이었음을 말해주며, 이는 곧 근대성을 예고해주는 것이다.

2. 토마스 아퀴나스의 생애와 사상

(1) 생애와 인품

토마스 아퀴나스는 성인이라 하기에는 비교적 단순한 삶을 살았던 사람이다. 그의 생애에는 이렇다 할 기적이나 놀라운 에피소드도 없다. 다만 그 누구도 흉내 낼 수 없는 학문적 업적을 남긴 성인인 것이다. 그가 성인이 된 것은 오직 '가톨릭의 백년대계'를 약속할 만한 그의 평생의 학문적 업적 때문이다. 1225년 프랑스 국경 근처의 이탈리아 도시 호카세카의 성주인 아퀴노 백작의 셋째 아들로 태어난 토마스는 다섯 살이라는 어린 나이에 집을 떠나 몬테카시노의 베네딕트 수도원에 의탁된다. 당시는 전문적인 교육기관이 없었기에 귀족들은 가정교사를 통해 자녀들을 교육하거나 수도원에 자녀교육을 의탁했는데, 일정한 부를 기부하고 수도원에 의탁된 이러한 자녀들을 '오블라'라고 불렀다. 14세 때까지 토마스는 몬테카시노의 수도원에서 어린 수도자로서 생활하게 된다. 비록 수도의 의무는 전혀 가지지 않았지만 어린 토마스는 공부뿐 아니라 기도와 성무일도 등 수도자들의 삶을 매우 좋아하며 수도자들과 동일한 일과를 보냈다고 전기는 기록하고 있다. 무려 10년이란 세월을 토마스는 누구보다도 사유하고 명상하기를 즐겨했고, 기도 생활에도 잘 적응했다고 한다. 기욤 드 토코Guillaume de Tocco는 당시 수도원에서의 그의 삶에 대해 "신성한 영감에 이끌려 수도자의 삶을 살았고, 놀라운 방식으로 그가 알지 못하는 진리를 알고자 추구했다"라고 전해주고 있다.

14세가 되던 해에 토마스는 프레드릭 2세가 세운 나폴리 대학으로 옮겨가게 되는데, 이는 당시의 정치적인 상황으로 인한 것이었다. 당시 복잡한 정치적 상황으로 인해 정교政教 분리가 이뤄졌으며, 국가와 교회는 각기 자신들의 학교를 세우고 자신들의 교육 원칙에 따라 학생들을 교육했다. 성주였던 토마스의 아버지는 국가의 녹을 먹고 있는 처지라 정치적 상황을 고려해 토마스를 더 이상 수도원에 의탁할 수가 없었던 것이다. 그러나 나폴리대학으로의 이적은 토마스에게 있어서 더 없이 큰 행운이었다. 그는 그곳에서 이전에는 만난 적이 없었던 '새로운 수도자'들을 만나게 된 것이다. 그들은 막 설립되어 성장하고 있는 도미니크회의 수도자들이었다. 당시 프란체스코회와 함께 가톨릭의 신생 수도회로서 가난과 복음, 진리 추구를 사명으로 하는 이 수도원들은 기존의 전통적이고 권위적인 수도원들과 근본적으로 달랐다. 토마스가 만난 이 도미니크회의 수도자들은 마치 "시냇물을 찾아 날렵하게 뛰어다니는 사슴"처럼 매력적이었다고 전기는 전하고 있는데, 젊은 토마스는 당연히 이 신선한 도미니크회원들의 삶과 정신에 매료될 수밖에 없었다. 그는 망설이지 않고 도미니크회의 수도자가 될 것을 결심했다.

그러나 그의 결심은 가족들의 반대에 부딪히게 된다. 토마스가 장차 권위를 갖춘 그럴듯한 수도원의 수도원장이 될 것을 바란 그의 아버지는, 교회의 감시를 받고 있는 가난한 신생 수도원에 입회한다는 것을 허락할 수 없었던 것이다. 그의 아버지는 자신의 맏아들을 시켜, 도미니크회에 입회하기 위해 파리로 여행 중인 토마스를 납치했다. 여기서 우리는 그 진위를 정확히 알 수 없는 약간은 낭만적인 일화를 접할 수 있다. 성에 감금된 토마스에게 한 아름다운 창녀를 보냈는데 토마스가 햇불을 휘저으며 내쫓았다는 일화이다. 토마스는 약 2년 동안 가택구금을 당한 채 모든 사회활동을 못하게 되었는데, 오히려 그는 이때 아리스토텔레스의 저서를 읽고 《성경》을 주석하면서 그의 누이를 설득했다. 토마스의 말에 감화를 받은 그의 누이는 수녀회에 입회하고 나중에는 당시 유명했던 가르멜 수녀원의 수녀원장이 된다. 결국 그의 아버지는 누구도 토마스의 의지를 꺾을 수 없다고 판단하고 아들의 도미니크회 입회를 허락하지 않을 수가 없었다.

파리의 도미니크 수도회에 입회한 그는 그의 평생을 결정하게 될 중요한 사람, 즉 그의 스승 알베르투스 마그누스를 만나게 된다. 그는 알베르투스 마그누스의 학식과 인품에 감화를 받고 자신도 학문 탐구에 평생을 바칠 것을 결심한다. 이후 토마스 아퀴나스는 평생을 평수사로서 진리를 추구하는 삶에만 전념하게 되는데, 후일 로마 교황의 대주교로의 추천까지 마다하고 평수사로서만 남기를 원했다. 그의 놀라운 학문적인 업적들은 이러한 그의 소명 의식 때문에 가능했을 것이다. 23세의 어린 나이에 강의를 시작한 그는, 27세의 나이에 '메트르Maitre'라는 영예로운 칭호를 받게 되고 파리대학의 신학 교수가 된다. 연구실과 강의실을 오가며 단순하게 수도 생활을 수행한 그에게는 세간의 주목을 끌 만한 놀라운 일화나 기적 같은 일이 생길 이유가 거의 없었다고 볼 수 있다.

그러나 우리는 토마스에 얽힌 몇 가지 재미있는 일화들을 전기에서 발견할 수 있다. 그 첫째가 '벙어리 황소'라는 그의 별명에 관한 일화이다. 토마스는 몸집이 컸고 뚱뚱했다. 사실 그는 배도 많이 나와서 책상에 앉기 위해서는 책상을 둥글게 잘라내야 했다고 전기는 전하고 있다. 그러나 그가 '황소'인 것은 단순히 몸집이 컸기 때문이 아니다. '벙어리 황소'라는 그의 별명에는 미래의 그의 모습인 거장의 이미지가 담겨 있다. "왜 늘 침묵만 지키고 있느냐"는 동료의 물음에 "모든 것이 이미 아는 것이니 질문할 것이 별로 없었고, 또 내가 대답을 하게 되면 친구들이 자꾸만 질문을 하게 되어 나의 생각을 방해할 것 같아서……"라고 대답했다고 한다. 무슨 생각이 그렇게 많아서 대화조차 방해가 된다는 것일까? 그러나 이러한 토마스의 대답은 과장된 것이 아니다. 그는 참으로 영감에 찬 사람이었다. 음악가에 비하면 모차르트와 같은 사람이다. 주체할 수 없이 떠오르는 자신의 영감에 글 쓰는 속도가 따라갈 수 없어서 그는 그만 마치 무슨 암호를 쓰듯이 약자들을 쓰곤 했다.

아마도 토마스 아퀴나스의 유일한 단점은 아무도 알아볼 수 없는 그의 원고들일 것이다. 사실상 그의 마지막 대작에 속하는《진리론》은 그의 강의록을 해독할 수 없어서 제자들과 학생들의 강의 노트를 모아서 출판했다고 한다. 후일 학자가 된 그는, 자신의 생각을 따라 적도록 하기 위해서 레오날드라는 비서를 두었다. 레오날드는 약간은 소설 같은 일화를 증언하고 있는데, 종종 토마스가 밤늦게 손님과 담론을 나누고 있어서 음료를 가지고 들어가면, 손님은 간 데 없고 토마스는 멍하니 천정을 바라보며 생각에 잠겨 있었다고 한다. 그리고 그럴 때면 어김없이 자신의 생각을 받아 적게 하였다는 것이다. 레오날드는 그 손님이라는 것이 틀림없이 '천사'였을 것이라고 증언한 것이다. 토마스 아퀴나스가 '천사 박사'라는 별칭을 가지게 된 것을 이러한 사연과 연유시킨다면 너무 감상적인 것일까.

외모와는 달리 토마스는 양심이 곱고 여린 사람이었다. 약간의 감상적인 이야기 같지만, 그는 강의를 마친 뒤 자신의 연구실로 돌아와 자주 눈물을 흘리곤 했다고 한다. 무슨 나쁜 일이 있는가를 물으면 "진리를 가르치는 학자들이 세속적인 명예나 권력 때문에 진리를 저버리고 있다는 사실이 너무

가슴이 아프다"고 대답했다. 이러한 그의 순수한 양심은 말년에 억울하게 이교도라고 단죄받았을 때도 그대로 나타난다. 파리 주교가 토마스 아퀴나스를 단죄한 사건은 도미니크회 형제들에게는 너무나 터무니없는 처사로 보였다. 파리의 도미니크회 형제들은 교황에게 중재를 청하기 위해 준비했으나, 토마스는 모든 것을 하느님의 뜻에 맡겨두자며 말렸다고 한다.

토마스의 단죄 사건은 사실상 당시의 얽히고설킨 정치적인 사태들과 무관하지 않다. 그의 죄목은 '근본적인 아리스토텔레스주의'였는데, 이러한 죄목은 시기상으로 전혀 어울리지 않는 처사였기 때문이다. 이미 1231년 교황의 칙령으로 아리스토텔레스에 대한 금서 조치가 더 이상 효력을 발휘하지 못한 것을 감안하면, 그리고 토마스가 누구보다도 가톨릭의 전통을 존중한 신학자이자 철학자였다는 것을 감안하면 이유는 다른 곳에 있었던 것이다. 당시는 탁발 수도자들이 교회의 감시를 받고 있었고, 특히 파리의 도미니크회는 24시간 병사들의 호위가 필요한 실정이었다. 도미니크회의 신학 교수들은 당시 파리대학에서 가장 인기가 있었고, 특히 토마스 아퀴나스의 명성은 그 어떤 원로 교수들보다 뛰어났다. 학생들이 도미니크회 교수들의 강의에 몰리는 바람에 주교가 강론을 할 때에도 청중이 없어서, 주교가 강론을 하는 시간에는 모든 파리의 교수들이 강의를 중단해야 한다는 법을 만들기도 했다고 전기는 전하고 있다.

어쨌든 늙은 토마스는 파리 교회나 옥스퍼드 교회의 '단죄'에도 불구하고 그의 학문적인 연구와 저술을 꾸준히 이어갔다. 《신학 대전》 제2-1권과 제3권, 《진리론》, 〈형이상학 주석〉, 〈니코마코스 윤리학 주석〉, 〈정치학 주석〉 등은 모두 단죄 사건 이후에 이루어진 것들이다. 그는 《신학 대전》 제4권과 〈정치학 주석〉을 완성하지 못한 채, 그리고 '단죄'라는 누명을 벗지 못한 채 임종하고 말았다. 시중에서 구할 수 있는 토마스 아퀴나스의 《신학 대전》에는 제4권이 포함된 것이 많은데, 이것은 후일 그의 동료 수도자들이 그의 단편들을 모아 첨부한 것이다. 그에게 무슨 일이 일어났는지는 모르겠으나 그는 임종하기 한 해 전부터 모든 저술 작업을 중단했다고 한다. 그의 동료 수도자들이 제발 《신학 대전》이라도 완성하라고 했으나, 그는 "내가 본 것에 비하면, 내가 쓴 모든 것은 지푸라기에 지나지 않는다. 나는 더 이상 쓸 수가 없다"라고 말했다. 토마스는 무엇을 보았던 것일까? 사람들은 이러한 일화를 통해 '환시를 체험한 토마스의 신비주의적 면모'를 말하곤 한다. 그러나 신비주의가 꼭 환시 같은 신비 현상을 체험하는 것은 아닐 것이다. 토마스는 그의 전 저작을 통해서 우리에게 신비를 말하고 있기 때문이다.

대다수의 천재들이 그러했듯이 토마스의 천재성은 오래 숨겨져 있지는 않았다. 불과 50년이라는 짧은 기간에 그의 천재성은 만인 앞에 빛을 발하게 되었다. 단죄 사건의 억울함은 로마의 교황청에까지 알려졌으며, 교황 요한 22세는 그의 업적들을 엄중하게 조사하게 하였다. 그의 성인품 조사에서 '성인으로 인정될 만한 이렇다 할 기적이 없다'고 하자 교황 요한 22세는 "그의 생애 자체가 곧 기적이요, 그의 모든 저작들이 곧 기적을 말해주고 있다"고 대답했다고 한다. 이 조사와 더불어 1323년에 그는 '성인의 반열'에 오르게 된 것이다. 그의 단순한 생애는 토마스 아퀴나스라는 중세의 철학자가 어떠한 인물이었나를 가늠해주는 일화들로 엮여 있다. 특히 '진리가 무엇인가'를 탐구하기 위해서 자신의 모든 시간과 열정, 전 생애를 바친 철학자이자 수도자로서의 면모를 잘 알려주고 있다.

(2) 사상과 영성

토마스 아퀴나스는 위대한 학자였지만 그를 단지 학자로서만 평가한다는 것은 그의 삶의 내밀한 부분, 진정한 토마스의 이미지를 가려버리는 것이 될 것이다. 현대 토미즘의 거장인 에티엔느 질송은 토마스 아퀴나스를 소개하면서 "진리 추구에 평생을 바친 성인이었던 철학자"라고 하였다. 여기서 우리는 성인聖人이었던 토마스에 관심을 집중해보자. 무엇이 그로 하여금 성인이게 했을까? 그의 놀라운 학문적 업적들일까? 그럴 것이다. 왜냐하면 그의 삶의 업적이란 오

토마스 아퀴나스 연보

1225년 나폴리의 호카세카 성주인 아퀴노 백작의 막내 아들로 출생.

1230년(5세) 몬테카시노의 베네딕트 수도원에서 오블라로서 생활.

1239년(14세) 나폴리대학에서 수학.

1244년(19세) 4월 도미니크 수도원에 입회.

1244~1245년 아버지에 의해 호카세카 성에 강제 거주.

1245년(20세) 파리 도미니크회 도착, 알베르투스 마그누스의 제자로 수학.

1252년(27세) 파리대학에서 첫 강의 시작, 《존재와 본질》 저술.

1254년(29세) 도미니크회의 스승 칭호 Magistro de l'O.P. 수여.

1256년(31세) 파리대학 신학과 교수 Magistro de Tho. 가 됨.

1259년(34세) 나폴리로 귀환, 《대-이교도 대전》 저술 시작.

1265년(40세) 로마에서 교수 생활, 《신학 대전》과 《진리론》 저술 시작.

1267년(42세) 아리스토텔레스의 《영혼론》 주석.

1268년(43세) 파리로 귀환, 교수 생활 및 《신학 대전》 제2권과 〈자연학 주석〉 저술 시작.

1270년(45세) 《신학 대전》 제2-1권과 《진리론》 계속 저술, 〈형이상학 주석〉 쓰기 시작.
　　　　　　파리 교회로부터 '근본적인 아리스토텔레스주의'란 명목으로 이교도 사상으로 단죄받음.

1271년(46세) 《신학 대전》 제2-1권 완성, 〈형이상학 주석〉 완성.

1272년(47세) 나폴리대학에서의 교수 생활과 《신학 대전》 제3권 저술 시작, 《니코마코스 윤리학》 주석.

1273년(48세) 《신학 대전》 제3권 완성, 《진리론》과 〈정치학 주석〉 미완성.

1274년(49세) 리옹 공의회에 참석하기 위해 여행하던 중 로마 남쪽의 포사노바에서 임종.

1277년(사후 3년) 파리 교회와 영국 옥스퍼드 교회로부터 재차 '단죄'.

1284년(사후 10년) 켄터베리의 프란체스코회 주교로부터 재차 '단죄'.

1319년(사후 45년) 나폴리에서 1차 시성諡聖 조사 시작.

1321년(사후 47년) 포사노바에서 2차 시성 조사 시작.

1323년(사후 49년) 교황 요한 22세에 의해 시성.

1325년(사후 51년) 파리 교회부터 '단죄 취소' 선포.

1567년(사후 293년) 교황 생-피에 5세로부터 '교회 박사 Doctor Ecclesiae' 칭호 수여.

직 학문적인 결실들 외에 다른 것이 없기 때문이다. 토마스 아퀴나스의 학문적인 업적은 사실 놀라운 것이다. 프랑스의 토미스트인 장 피에르 토렐J. P. Torrell은《성 토마스 입문 *Initiation a Saint Thomas d'Aquin*》이라는 책에서 토마스 아퀴나스 저작의 학문적 성과들을 소개하고 있는데, 그 내용을 보면 총서 격인 '대전' 형식의 3대 저서《신학 대전》,《대-이교도 대전》,《진리론》을 비롯하여《성경》주석서 아홉 권, 아리스토텔레스 주석서 열두 권과 그 밖의 주석서 네 권, 단행본 및 설교집 열한 권, 편지글 및 아티클 스물두 편, 그리고 저작 추정 자료 등을 소개하고 있다. 실로 놀라운 업적이다. 이러한 업적은 평생을 오직 학문적 탐구에만 몰두했기에 가능했던 업적들이다. 그러나 토마스의 이러한 학문적 업적들이 양적으로만 평가될 일은 아니다. 그의《신학 대전》에 대해 도미니크 필립Maris-Dominique Philippe은《그리스도(진리)의 증인 토마스 아퀴나스*Saint Thomas, docteur Témoin de Jésus*》에서 다음과 같이 평가하고 있다.

성 토마스의 업적은《신학 대전》안에서 마치 그의 최종적인 종합처럼 나타난다……《신학 대전》은 우리에게 놀라울 만큼 질서정연한 하나의 전체 조직처럼 나타난다. 각 부분이 전체와 완벽하게 조화된 지혜의 작품이다.《신학 대전》은 기념비적인 위대한 작품이다. 그 조화에 의해 아름다우며, 신성한 신비들에 대한 빛들의 강도에 의해 깊고 풍부한 것이다.

아마도 토마스 아퀴나스만큼 많은 분량의 저서를 쓴 중세 철학자는 없을 것이며, 어쩌면 철학사 전체에서도 없을 것이다. 그럼에도 그의 작품들은 철저하게 엄밀한 논증과 세심한 언어 사용, 그리고 적절한 비유와 개념 정리를 통해서 놀라운 완성도를 지니고 있다. 이는 수도자로서의 그의 지성적 집중도를 말해주고 있다. 그의 이러한 업적의 성취는 모든 삶을 오직 학문적 탐구에 헌신하는 소임을 가진 한 수도자로서만 가능한 일이었다. 그러나 위대한 학문적인 업적이 전부라면 굳이 '성인聖人'이라고 말할 필요가 있었을까? 바로 여기에 토마스 아퀴나스의 진정한 모습을 드러낼 열쇠가 있다. 한 성인을 성인이게 한 그 무엇, 내적인 그 무엇이다. 그것은 그의 업적들이 아니다. 업적이란 단지 그의 내면성의 결실들이었을 뿐이다. 한 예술가를 위대한 예술가로 인정하게 하는 것은 그의 작품들이겠지만, 그를 위대한 예술가이게 한 것은 그의 작품이 아니라 그의 내면에 간직된 예술성이다. 바로 이 예술성이 그의 예술적 업적들을 가능하게 한 것이기 때문이다. 마찬가지로 토마스 아퀴나스를 성인으로 인정하게 한 것은 그의 학문적 업적들이었지만, 그를 성인이게 한 것은 그의 내면에 존재하는 그 무엇이다.

《그리스도(진리)의 증인, 토마스 아퀴나스》의 서문에서 토마스 아퀴나스의 이미지를 잘 그려주고 있는 도미니크 필립은 그를 "내적인 인간", "마음의 순수성", "열정적인 봉사자", "가난한 사랑의 사도" 등으로 표현하고 있으며, 장 피에르 토렐은 "영성의 스승, 토마스 아퀴나스"라는 제목으로 저서를 출간했다. 이러한 토마스 아퀴나스에 대한 이미지는 학자로서의 그의 이미지 이면에 있는 또 다른 그의 모습이다. 즉 그의 학문적 업적들을 가능하게 했던 그의 내적인 기질 혹은 인격의 모습이다. 줄기나 가지를 보면 그 뿌리를 짐작할 수 있듯이 토마스 아퀴나스의 놀라운 학문적 업적들은 그가 얼마나 깊은 명상의 삶을 살았던가를 가늠할 수 있게 해준다. 그는 모든 것에 있어서 본질적인 것을 통찰하고자 했고, 평생을 오직 진리를 위해 매진하면서 자신의 전 실존을 불태운 열정적인 봉사자였다. 진리 이외에 그 어떤 것도 그의 기준이 될 수 없었기에 그는 순수했다. 세속적인 명예나 찬사도 마다하고 오직 신적 사랑과 인간 사랑을 위해 진리 추구만이 전부였던 그는, 진정한 가난을 실천한 사랑의 사도였다.

그러나 대다수의 천재들이 그러했듯이 토마스 역시 비극적인 생을 살았다. 그는 생의 말년에 '이도교 사상가'라는 오명을 안고 결국 세상의 몰이해 속에서 쓸쓸히 임종했으며, 그의 진정한 모습은 임종 후 반세기가 지나서야 빛을 보기 시작했다. 임종 후에도 두 번이나 재차 단죄를 받게 된 그의 일화는, 마치 인간 세계에 빛을 가져다주었지만 자신은 엄청

난 형벌을 받게 된 그리스 신화의 프로메테우스를 연상하게 한다. 그러나 우리는 토마스가 젊었던 시절에 그의 스승 알베르투스 마그누스가 예언한 토마스의 삶이 실현되었음을 알고 있다. '벙어리 황소'라고 부르는 그의 동료 학생들에게 "너희들은 그를 벙어리 황소라고 부르지만, 후일 이 황소는 전 우주가 요동칠 만큼 매우 크게 고함칠 것이다"라고 한 알베르투스 마그누스의 예언은 사실상 오늘날까지 실현되고 있다 해도 과언이 아니다.

토마스 아퀴나스의 삶에서 오늘날의 우리에게 가장 의미심장한 것은 무엇보다도 그의 양심의 순수성에 있다. 토마스 아퀴나스를 알고 있는 사람들에게는 이미 잘 알려진 일화로, 진리가 왜곡되는 것을 보면서 그가 눈물을 흘렸다고 하는 이야기는 항상 우리를 숙연하게 한다. 어쩌면 약간은 낭만적인 것 같은 일화지만, 오늘날의 석좌교수 격인 '마지스트로Magistro' 라 불리는 신학 교수의 일화라는 것을 감안한다면 깊은 생각에 잠기게 하는 것이다. 왜 토마스 아퀴나스는 자신의 일도 아닌 타인들의 불의를 보면서 눈물을 흘렸을까? 그 이유는 그의 저서에서 알 수 있듯이 그의 양심의 순수성에 있다. 《성경》에도 "사랑은 진리를 보고 기뻐하며, 불의를 보고 기뻐하지 않는다"고 쓰여 있다. 그의 양심의 순수성은 진리와 선에 대한 그의 사랑을 말해주고 있다. 그가 원한 것은 세속적인 명예도, 부副도, 혹은 어떤 육체적인 건강이나 장수도 아니었다.

그는 오직 세상 사람들이 진리와 선과 사랑을 가지고 살기를 바랐고, 그 역시 오직 그것만을 지니고 살기를 바란 것이다. 진정으로 정의를 사랑한 사람만이 정의가 무너질 때 눈물을 흘릴 수 있는 법이다. 진리와 선에 대한 그의 사랑은 크고 순수했기에 그만큼 더욱 진리와 선, 정의가 왜곡될 때 괴로워했을 것이다. 그의 이러한 양심의 순수성이 있었기에 그는 모든 곳에서 신의 현존을 발견할 수 있었을 것이며, 모든 것에서 양심의 명령에 따라 행할 수 있었을 것이다.

동양 철학사를 읽다보면 흥미로운 일화를 발견할 수 있다. 자신에게 찾아온 맹자에게 양해 왕은 "당신은 우리나라를 위하여 먼 길을 찾아왔으니 우리나라의 이익을 위해 무엇을 해줄 수 있는가?"라고 물었다. 이에 맹자는 "왕께서는 어찌 이익만을 말씀하십니까? 중요한 것은 오직 의로운 것뿐입니다"라고 대답했다. 그런데 의롭다는 것은 무엇인가? 의義는 '옳은 것'이다. 따라서 의란 마땅한 것을 지키고, 행동해야 하는 대로 행동하고, 말해야 하는 대로 말하고, 나아가 가져야 할 것을 가지는 것을 말하는 것이 아닐까? 그리고 이러한 의로운 삶을 죽기 전까지 모든 부분에서 실천하고자 하는 사람이 성인이 아닐까? 토마스 아퀴나스는 비록 병자를 위해 의료 행위를 하거나 빈자들을 위해 기부한 적이 없지만, 그리고 민주화를 위해 시위를 하거나 소수자의 권리를 위해 투쟁한 적도 없지만, 그럼에도 그는 평생을 자신이 행해야 할 일들을 하기 위해 높은 자리를 마다하고 가장 가난한 평수사로서 오로지 진리와 선을 위해서 살았다. 그 어떤 세속적인 가치나 이득을 위해서가 아니라 가난한 봉사자로서의 삶을, 그리고 진리를 추구해야 하는 학자적인 삶을 죽을 때까지 결코 저버리지 않은 사람이다. 이상적인 그리스도인답게 그는 마지막 죽음에서까지 신의 섭리에 의탁할 줄 알았다. 그래서 그는 그의 학문이 아닌 그의 삶 자체를 통해서 모든 그리스도인들의 모범이 되는 그러한 사람이다.

(3) 절대론를 향한 중단 없는 여정

아우구스티누스는 "신神을 알고 자신의 영혼을 아는 것이 전부"라고 하였다. 물론 그의 철학이 오직 이 두 가지만을 다루고 있다는 것은 아닐 것이다. 다만 이 진술은 그의 철학에서 가장 핵심이 되는 것이 이러한 것이라는 의미일 것이다. 그렇다면 토마스 아퀴나스의 사상을 한마디로 표현하면 어떻게 말할 수 있을까? 아마도 이 질문에는 누구도 자신 있게 답할 수가 없을 것이다. 왜냐하면 토마스 아퀴나스의 사상에서 중요한 것은 범주의 문제가 아니기 때문이다. 그는 고대와 중세뿐 아니라 근현대의 철학자들이 다루고 있는 중요 주제들을 거의 모두 다루고 있으며, 그 주제들을 가능한 한 깊고 섬세하고 엄밀하게 다루고 있다. 그러므로 그의 사상에서 보다 더 중요하고 덜 중요한 것은 없다고 하는 것이 차라리

맞을 것이다.

그렇다면 그의 철학에서 부각되는 특징은 무엇인가? 무엇이 토마스 아퀴나스의 철학에 있어서 중요한 특징으로 부각되는가? 상투적으로 말해 무엇이 '토마스적인 것'인가? 이러한 질문에 대한 적절한 답은 '절대적인 진리, 최후의 진리를 향한 중단 없는 추구'라고 해야 할 것이다. "인간의 이성은 보편적인 진리를 추구하는 데 있어서 한계가 없다"고 그 스스로 말하고 있듯이 그는 그 어떤 것을 탐구하더라도 이성의 개념과 지성적 논의를 통해 철저하고 엄밀하게, 더 이상 논의를 진행할 수 없을 만큼 계속 추구해 나아갔다. 그의 철학적 탐구에서 제외된 주제는 거의 없으며, 당시 거론되던 어떠한 철학자도 그의 논의에서 배척되지 않았다. 그의 학문적인 목적은 모든 것에서 오류를 제거하면서 진리의 의미를 밝히는 것이었다. 그는 모든 것을 이해하고자 했고, 모든 것의 본질을 통찰하고자 했다. 바로 이러한 그의 노력이 《신학 대전》이라는, 완벽한 논리와 자기 완결성을 가진 방대한 불멸의 작품을 산출하게 한 것이다. 이것이 토마스 아퀴나스가 추구한 학문적인 태도이다. 이러한 그의 학문적 특성은 어떤 대상이나 주제에 따라 주어지는 것이 아니라 그의 학문적 방법이나 태도로부터 나오는 것이다. 그것은 곧 '절대를 향한 중단 없는 여정'이라고 해야 할 것이다. 즉 토마스에게 있어서 철학이란 마침내 확고한 진리, 즉 신념의 진리에로 나아가기 위한 여정이었던 것이다.

이러한 절대를 향한 추구는 그의 구체적인 사상 안에서도 여실히 드러나고 있다. 그는 아리스토텔레스의 실재론적 관점을 수용하고 그의 형이상학적 원리들을 자신의 철학적 논의의 원리들로서 채택했지만, 아리스토텔레스처럼 플라톤의 이데아론을 부정하지는 않았다. 왜냐하면 인간의 진리란 결코 인간 이상의 어떤 것을 가정하지 않고서는 최후의 진리에 도달할 수 없다고 생각했기 때문이다. 그는 인간의 감각이 이성에 참여하고 있음을, 그리고 동물들도 최소한의 자유의지를 가지고 있음을 보았고, 나아가 존재하는 모든 것이 어떤 신성한 것에 자신들의 존재 근거를 가지고 있음을 통찰했다. 그뿐만이 아니다. 그는 인간의 양심의 깊은 뿌리는 곧 신성한 어떤 것이라고 통찰했으며, 이 세상에 존재하는 모든 것을 이 세상 그 누구보다도 깊이 사랑하는 자가 바로 신神이라는 것을 통찰했다. 그러므로 토마스 아퀴나스의 사상은 어떤 사람에게는 '실재론'이나 '변증법적 종합의 정신'으로, 어떤 사람에게는 '행위의 철학'이나 '존재의 철학'으로, 또 어떤 사람에게는 '지성주의'나 '사랑의 철학'으로, 그리고 어떤 사람에게는 '신성한 지혜'나 '영성'으로 다가오는 것이다. 이는 마치 세상 모든 것을 감싸고 있는 태양의 모습이 보는 이에 따라 달라 보이는 것과 유사하다.

이처럼 토마스 아퀴나스는 진리란 인간의 지성에 의해서

항상 더 발전된 형식을 취할 수 있다고 생각했으며, 진리를
통찰할 수 있는 인간의 지성에 대한 신뢰를 지니고 있었다.
그의 사상이 오늘날 여전히 '토미즘'이란 이름으로 생명을
이어가고 있는 이유도 바로 이러한 그의 열린 정신 때문일
것이다.

3. 3대 주요 저서와《진리론》

일반적으로 토마스 아퀴나스의 주요 저서를 들라면,《신학
대전》,《대-이교도 대전》,《진리론》을 꼽을 수 있다. 이 3대
저서들의 공통점이라면 모두 '대전大全'의 형식으로 되어 있
다는 것이다. '대전'이란 자신이 다루고 있는 사상을 전체적
이고 체계적으로, 나아가 전체가 유기적으로 구성되는 형식
으로 다룬 저서들이다. 한마디로 자신의 전 사상을 집대성해
놓은 것이라고 할 수 있다.

그렇다면 토마스 아퀴나스는 왜 서로 다른 세 가지 '대전'
을 저술했던 것인가? 그 이유는 각기 추구하는 목적과 예상
독자층이 달랐기 때문이다. 우선 '대전'들이 저술된 시기를
보면 가정 먼저 저술된 것이《대-이교도 대전》이었으며, 그
다음이《신학 대전》이다. 그리고《진리론》은 마지막으로 완
성된 것이다. 사실을 말하자면《진리론》은《신학 대전》을 저

술하기 이전에 이미 일부가 강의록으로 작성되었고,《신학 대전》제3권이 끝난 이후에도 계속 집필되었다.《진리론》은 토마스 생전에 출간된 것이 아니라 그의 강의록들을 제자들이 모아서 그의 사후에 출간한 것이다. 따라서《진리론》은 모든 저술들 중 최후의 저술이라고 할 수 있으며, 미완성된 것이라고 해도 무방하다.

　세 가지의 저서들 안에서 다뤄지는 주제나 내용은 유사하다. 그럴 수밖에 없는 것이 이 모두가 자신의 사상을 집대성한 것이기 때문이다. 그러나 그 형식이나 작성 방법 혹은 글의 특성은 다르다.《신학 대전》이전에 완성된《대-이교도 대전》은, 그리스도교 세계관이나 철학에 대해서 전체적으로 분명히 밝힐 필요에 의해 저술되었다. 따라서 복잡한 논의보다는 핵심 사안들을 보다 쉽고 분명하게 설명하는 형식으로 집필되었다. 이는 그리스도교의 사상적 노선이나 세계관 등에 대해서 분명히 알고자 하는 독자들을 위한 것이다. 반면《신학 대전》은 아리스토텔레스의 저작들을 주석하면서 쓴 것이기에 보다 학문적이며 논증적인 형식으로 이루어져 있다. 즉 논의되는 사안에 대한 기존의 사유들이 철저하게 분석되고 엄밀하게 개념 정리되었으며, 아리스토텔레스의 형이상학적 원리들을 통한 이성적 논의와 보다 철학적인 방식으로 저술되었다. 그러므로 가장 섬세하고 완성도가 높은 저술이며, 그 분량에 있어서도 다른 저작들을 훨씬 능가하고 있다. 대부분

토마스 아퀴나스의 3대 주요 저서들의 연대기

저서		저작 시기	비고
《대-이교도 대전》		1252~1256	
《신학 대전》	제1권	1268~1270	아리스토텔레스의 《영혼론》에 대한 주석 시작
	제2-1권, 제3권	1270~, 1272~1273	
《진리론》		1265~, 사후 출간	아리스토텔레스의 주요 저작에 대한 주석

의 사상가들이 그의 《신학 대전》을 가장 대표적인 저작으로 꼽는 이유가 여기에 있다. 따라서 《신학 대전》은 가장 보편적인 차원에서 학자나 연구자들을 위해 작성된 것이다.

반면 《진리론》은 애초부터 출간을 위해서 저술된 것이 아니라, 당시 소르본대학에서 진행된 세미나 내용을 담은 강의록이다. 특히 이 세미나는 학생들뿐 아니라 사회적으로 이름이 있는 저명인사나 종교인, 일반 시민 등이 함께 참석하여 당시에 논란이 되고 있는 문제들에 대한 토론 형식으로 진행되었다. 따라서 다른 어떤 저술에서보다 《진리론》에는 당시에 '논쟁 중'이었던 많은 주제들이 다루어졌으며, 그 내용 역시 당시 교회의 교의에 대해 '급진적인 성향'을 가진 것들도 많았다. 가령 《진리론》 제1권 질문 22에서 그는 "악을 행하는 것은 그 자체로 자유이거나 자유의 일부가 아니다. 이는 다만 인간이 자유를 지니고 있다는 징표에 지나지 않는다"라고 진술하고 있는데, 이러한 진술은 왜 악을 행하는 것이 자유가 아닌가에 대한 이후의 질문을 야기하는, 상당히 여운을 남기는 진술이다. 그리고 '상위 이성과 하위 이성'에 관하여 다루고 있는 질문 15의 1장에서는 "어떤 것을 순환하도록 하는 것에서 성립하는 이성의 활동과, 진리로부터 단박에 파악된 지성의 활동은 마치 생성과 존재, 또는 운동과 정지 같은 관계에 있다"고 말하고 있는데, 이러한 명제는 상당히 심오한 것이며 또한 과학적이기조차 하다. 이러한 진술의 의미를 깊이 생각하고 그 의미를 밝히는 일은 그 자체로 하나의 소논문이 될 수 있을 것이다. 따라서《진리론》은 새로운 관점이나 연구 방향에 영감을 줄 수 있는 많은 내용들을 포함하고 있으며, 이러한 의미에서 토미즘의 현대적 적용이나 전문적인 연구를 수행하는 연구자들에게 유용한 저술이라고 할 수 있을 것이다. 이렇게 풍부한 영감을 담고 있는《진리론》의 한글 번역이 아직 전혀 이루어지고 있지 않았다는 것은 《진리론》의 참된 가치가 잘 알려지지 않았다는 것으로, 안타까운 일이라고 해야 할 것이다.

4. 토마스 아퀴나스 사상의 현대적 의의

(1) 도덕 판단의 제일원리로서의 양심

양심良心이란 무엇인가? 만일 이를 한자의 의미 그대로 풀

이하면 '밝은 마음'이란 뜻이다. '밝다'는 것은 깨끗하다, 순수하다는 것으로 이해하면 될 것이지만, 과연 '마음'이란 무엇인가? 사실 이 마음이라는 말은 한글 중에서 가장 모호한 말 중에 하나이다. 긍정적으로 보자면 가장 풍부하고 다양한 의미를 담고 있는 용어가 마음이라는 용어이다. 마음이라는 말만큼 다양한 의미로 사용되는 일상용어가 있을까? '내 마음은 너의 마음과 같지 않다', '몸 따로 마음 따로', '마음 같아서는 당장 하고 싶다', '열 길 물속은 알아도 한 길 마음속은 알 수 없다', '마음 한번 바꾸니 천국이 여기더라!', '사람은 모름지기 마음이 좋아야 한다', '일체의 것이 마음에 달려 있다' 등 마음에 관한 무수한 말이 있지만 그 의미는 모두 다르다. 그래서 마음이라는 한글 용어는 문학적인 용어이지 철학적인 용어로 잘 사용되지 않는 것 같다. 서양철학에서도 이 '마음'에 해당하는 용어는 분명치 않다. 어떤 때는 '가슴', 어떤 때는 '심장', 어떤 때는 '의식' 등에 해당하는 용어로 마음이라는 것을 사용한다. 더군다나 '양심'이라는 주제는 현대철학에서 거의 다뤄지지 않고 있으며, 윤리학에서조차 양심이라는 용어를 학문적인 것으로 다루려 하지 않는 경향이 있다.

그러나 중세철학에서 양심이라는 용어는 비교적 분명한 의미를 지니고 있다. 철학자에 따라서 '양심'과 '의식'을 구분 없이 사용하거나 약간의 견해 차이는 보이지만, 일반적으로 윤리 도덕 분야에서는 이를 '선과 악' 혹은 '옳은 것과 그른 것', '바람직한 것과 피해야 하는 것' 등을 판별하는 판단의 원리처럼 고려하고 있으며, 이 원리는 인간이 생득적으로 타고난 것이다. 즉 인간의 영혼이 천부적으로 부여받은 자연법칙legem naturae으로 고려한 것이다. 이러한 중세의 견해는 사실 칸트 같은 철학자에게서도 볼 수 있는데, 칸트는 자신에게 두려운 것 두 가지가 "하늘에서 빛나는 별과 양심의 소리"라고 말한 바 있다. 그러나 그 역시 양심이 무엇인가를 전문적으로 다루고 있지는 않다. 그리고 오늘날 현대철학에서 이 양심의 문제는 거의 다뤄지지 않고 있다. '정의와 권리' 등을 다루고 있는 윤리학 분야에서는 '이성적 사고를 통한 정당성'의 파악이 양심의 역할을 대신하고 있기 때문이다. 양심의 문제가 현대철학 분야에서 경시되고 있는 이유가 있다면, 우선은 위에서 말했듯이 언어적 모호함 때문일 것이다. 둘째 이유는 '천부적으로 부여받은 생득적 원리'라는 것에 대한 의구심 때문일 것이다. 과연 인간은 태어나면서부터 선악을 구별하는 어떤 불변하는 원리를 가지는가? 이는 사실상 증명의 문제를 벗어나는 믿음의 문제요, 삶의 경험을 통해서 확인할 수밖에 없는 것이다. 또한 '인간에게 선악을 판별하는 원리'가 선천적으로 주어졌다고 하기엔 우리의 삶의 경험과 현실은 너무나 암담하며, 순수하고 깨끗한 양심을 지닌 사람도 찾기 힘들다. 따라서 '천부적인 능력인 양심'이라는 개념 자체가 환상처럼 보이는 것이다. 다시 말해서 신, 세계, 영혼과 마찬가지로 양심은 엄밀한 의미에서 형이상학적으로 다루기 힘든 주제로 생각된다.

그러나 철학이 윤리학이라는 것을 다루고 있는 한, 그리고 인간이 윤리적 도덕적 존재로서의 존엄함을 지니고 있다고 믿고 있는 한, 양심의 문제는 결코 회피할 수 없는 문제이다. '1+1=2'라는 가장 간단한 최초의 원리가 인정되어야 이후 '1+2=3' 혹은 '1-1=0'이라는 원리가 인정될 수 있고 나머지 모든 수학적인 원리들이 정당화될 수 있듯이, 모든 분야에서 어떤 법칙이나 원리가 존재하기 위해서는 그 법칙이나 원리의 기원이 되는 가장 최초의 법칙이나 원리가 전제되지 않으면 안 된다. 도덕적인 영역에서의 옳고 그름, 선과 악에 관련된 법칙이나 원리들은 단순히 사람들이 합의해서 만들 수 있는 것이 아니다. 수학적 법칙들이 모든 사람에게 긍정이 되는 것이듯 윤리적 도덕적 원리들도 그 최초의 원리들은 모든 사람들, 즉 정상적인 인간성을 소유하고 있는 모든 인간에게 긍정되는 원리로부터 출발하지 않으면 안 되는 것이다. 가령 '타인을 해치는 행위는 나쁜 것이다', '이유 없이 생명을 빼앗는 것은 악이다' 등의 도덕 법칙들은 인간이 합의한 것이 아니라 모든 인간들이 탄생과 더불어 지니고 있는 어떤 인간 본성의 '지향성'에 의해서 긍정되는 보편적인 것이다. 수학적 원리에 최초의 원리들이 있다면, 윤리 분야에서도 최초의 원리들은 있어야 하는 것이다. 만일 이러한 최초의 원리들, 즉 이후의 다른 모든 원리들을 규정함에 있어서 그 기초가 되는 원리들을 가정하지 않는다면, 그리하여 모든 인간적인 윤리 규범이나 도덕 법칙들이 단지 하나의 문화 공동체 구성원들의 합의에 지나지 않는다면, 불변하는 원리로서의 '진리'라는 말은 더 이상 무의미한 것이 될 것이며 인간은 결코 자율적인 인간이 될 수 없을 것이다. 왜냐하면 인간은 올바른 행위를 위해서 항상 사회 구성원들의 합의에 의해 주어진 규범이나 법을 절대적으로 따라야 하기 때문이다.

현대의 해체주의자들은 더 이상 불변하는 진리나 보편적인 진리를 인정하지 않는다. 왜냐하면 그들은 인간은 기존의 모든 관점들을 해체할 수 있고 항상 새로운 것을 합의해서 도출할 수 있다고 보고 있으며, 그래야만 한다고 생각하기 때문이다. 그러나 불변하는 진리나 보편적인 진리를 부정하게 되면, (푸코가 말했듯이) 이후의 진리는 힘이 있는 자, 권력이 있는 자에 의해서 만들어진다. 이는 인생의 법칙이란 곧 약육강식의 정글의 법칙임을 의미한다. 아리스토텔레스는 "동물에게는 자연스러운 것이 인간에게는 추한 것"이라고 말한바 있다. 인간의 존엄성은 인간으로서 인간이 지녀야 할 덕목을 갖추고 인간이 인간이라는 지위에 걸맞게 행할 때 주어지는 것이다. 스스로 자신의 존엄성을 부정하는 학문은 무엇을 위한 학문인가? 칸트는 모든 학문들과 과학의 발전은 '인간 그 자체를 위한 것'이라고 했다. 인간 그 자체를 목적으로 하는 학문이라면 그것은 모든 인간이 인정할 수 있는 어떤 보편적인 것을 지향하지 않을 수 없는 것이다.

자율적인 인간이란 무엇인가? 그것은 어떤 행위를 선택함에 있어서 스스로 판단한다는 것이다. 어떤 법을 맹목적으로 따르는 사람은 준법정신이 투철한 사람은 될 수 있지만 '자율적인 인간'이 될 수는 없다. 자율적인 인간은 그것이 '올바른 것, 혹은 선한 것임을 인식'하고 스스로 행하는 사람을 말하는 것이다. 마찬가지로 벌을 피하기 위해서, 혹은 상을 받기 위해서 하는 행위는 결코 자율적인 행위가 아니다. 이는 모두 타율적인 행위에 지나지 않는다. 자율적인 행위는 외적인 무엇을 목적으로 하는 행위가 아니라 자신에게 내재하는 어떤 원리를 통해서 이루어지는, 스스로 자신의 행위의 주인이 되는 그러한 행위인 것이다. 만일 모든 것에 있어서 타율적으로 행하고 전혀 자율적으로 행하지 않는 인간이 있다면, 이미 그는 노예적인 인간이다. 어떤 것이 옳은 것인지 그른 것인지, 혹은 선한 것인지 악한 것인지, 혹은 도덕적인 것인지 비도덕적인 것인지를 판단해주는 자신의 내면의 목소리를 전혀 듣지 않고, 오로지 돈을 위해서 행하는 자는 돈의 노예일 것이다. 만일 그것이 명예를 위한 행위라면 명예의 노예일 것이며, 그것이 권력이라면 권력의 노예일 것이다. 그러므로 인간이 스스로의 행위의 주인이 되고 자율적인 인간이고자 한다면 옳고 그름, 선과 악을 판단해주는 자신의 내면의 소리를 듣지 않으면 안 되는 것이다. 바로 이러한 원리가 '양심synderesi'인 것이다. 따라서 만일 누군가가 '도덕 형이상학'을 정초하고자 한다면, 우선적으로 해야 할 일은 양심의 원리를 논하고 이 원리를 규명해주는 것이 될 것이다.

현대사회에서는 여러 가지 이유로 점차 인간의 존엄성이 위협받고 있다. 그 이유 중 대표적인 것은 무한 경쟁 사회로 변하고 있다는 것이다. 선의의 경쟁은 발전을 위해 필요한 것이다. 그러나 무한 경쟁은 사람과 사람을 서로 다투게 만들며, 오직 남을 이겨야만 생존할 수 있다는 정글의 법칙을 생활화하게 만든다. 이러한 사회에서는 더 이상 '양심의 소리'를 듣지 않는다. 나아가 자신에게 양심이라는 원리가 있다는 사실을 거북하게 생각할 것이다. 모든 사람들이 더 이상 양심의 소리를 듣지 않는 사회는 끔찍하다. 오직 자신의 이익만을 위하여 행하면서 무엇이 올바르고 무엇이 악한 것인지를 더 이상 생각하지 않는 사회에서 '인간 사랑'은 불가능할 것이며, 눈에 보이지 않는 정신적인 폭력이 난무하는 세상이 될 것이다. 아무리 정교하다고 해도 법은 의사의 처방전과 같아서 사회의 변화에 따라서 매번 교정되어야만 할 것이지만, 하루가 다르게 변화하는 현대사회에서 법이 인간사의 모든 문제를 해결할 수 있다는 것은 환상일 것이다. 게다가 마음이 나쁜 사람, 악의적인 사람은 오히려 법을 이용하여 자신의 악행을 합법적으로 만들고자 할 것이다. 건강한 양심이 소멸한 사회에서 법은 자칫 악행에 봉사하는 시녀가 될 수도 있다. 사르트르가 "타인이 곧 지옥이다"라고 말한 것은 바로 이러한 사회를 염두에 두고 한 말일 것이다. 따라서 인간다운 사회, 행복 지수가 높은 사회, 살 만한 사회를 형성하기 위해서는 사회 구성원들이 건강한 양심을 회복하고, 양심에 따른 행위를 하는 자율적인 사람들이 넘쳐나야 한다는 것은 지극히 상식적인 것이다.

아리스토텔레스는 윤리적 도덕적 앎이란 '지행합일'이라고 하였다. 이는 실천의 문제를 강조하는 말일 것이다. 아무리 올바른 것을 알고 있다고 해도 그 올바름을 실천하지 않는다면 모르는 것이나 다름없다. 즉 행동으로 실천하는 것이 곧 진정한 앎인 것이다. 그러나 양심의 문제에 있어서는 '시작이 반이요' 혹은 '아는 것이 곧 실천'이라고 할 수 있다. 왜냐하면 양심이 올바른 사람이 되려면 매사에 양심의 소리에 귀를 기울여야 가능하기 때문이다. 이는 마치 그림을 그리면서 그림을 배우는 것과 같은 것이다. 내가 양심의 소리에 귀를 기울여야 순수하고 건강한 양심을 보존할 수 있다. 그러므로 양심에 대한 탐구는 그 자체 이미 윤리적이고 도덕적인 행위요, 모든 윤리적 도덕적 행위의 출발점이 되는 것이다. 파스칼은 "한때 인간은 참된 행복을 지니고 있었지만, 이제는 이 행복을 상실하고 말았다"고 말하고 있다. 그 이유를 그는 "신성한 존재와의 단절"이라고 진단하고 있다. 즉 신의 목소리를 더 이상 듣지 않는다는 말일 것이다. 그 자체 불완전하고 상대적이며 세속적인 범인들이 어떻게 신의 목소리를 들을 수 있을까?《성경》말씀을 통해서일 것이다. 그런데 《성경》이 말해주지 않는 여러 일상에서, 그리고 나날이 발전하고 있는 새로운 영역들에서는 어떻게 신의 목소리를 들을 수 있겠는가? 토마스 아퀴나스는 "유비적인 의미에서, 양심의 소리를 듣는 것이 곧 신의 음성을 듣는 것"이라고 말하고 있는 것이다.

(2) 종합적이고 총체적인 인식으로서의 의식

의식意識이란 무엇인가? 현대인들에게 있어서 의식의 문제는 그리 흥미를 유발하지 않는다. 오히려 의식에 대립하고 있는 개념, 즉 '무의식無意識'에 대한 관심이 더 많을 것이다. 프로이트나 융이 무의식을 발견한 후 심리학이 발달하면서 무의식은 심리학뿐 아니라 시, 문학, 영화 그리고 철학에도 다양하게 영향을 미치고 있다. 현대의 프랑스철학자 라캉은 인간 행동 전체를 무의식과 관련하여 해명하기도 했다. 한편 공자는 "귀신이 있는가?"라는 물음에 "살아생전의 일도 다 모르는데, 죽은 뒤의 일을 어떻게 알겠는가?"라고 답했다고 한다. 마찬가지로 현재 우리가 지니고 있는 의식도 다 알지 못하는데, 무의식만을 탐구하여 어떻게 인간을 알고 인간 행위를 알 수 있겠는가?

스콜라철학자들에게 있어서 인간 의식에 관한 문제는 주로 의식의 존재론적 측면, 즉 의식이라는 개념이 지칭하고 있는 본질적인 양태나 국면의 측면이었다. 토마스 아퀴나스도《진리론》에서 이 부분을 주로 논하고 있다. 당시의 철학자들에게 있어서는 아직 '의식'이라는 개념에 관한 일관된 인식이 존재하지 않았다. 이들은 '의식conscientia'이란 것이 무엇을 지칭하는지, 그리고 의식이 존재하는 방식은 어떠한 것인지를 질문하고 있다. 우선 이들에게 있어서 주된 관심은 의식이라는 것이 능력potentia인지 습성habitus인지, 혹은 행위actus인지에 관한 논의이다.

　이에 대해 토마스 아퀴나스는 의식은 '행위'를 지칭한다고 결론을 내린다. 물론 '행위'라는 개념은 오늘날의 육체적 정신적 행동을 지칭하는 것이 아니라, '가능성'에 대립되는 '현실성'의 개념으로 사용된 것이다. 의식이라는 것이 오직 행위에만 적용될 수 있다는 것은 인간 의식에 대해 매우 실재론적인 입장을 취하는 것으로, 무의식보다는 현실적인 의식을 강조하는 것이라 볼 수 있다. 반면에 의식이 '능력'이라는 것은 무의식까지 모두 포함하는 것을 의미한다. 예를 들어서 내가 '산'에 관한 의식을 가지고 있다면, 현재 내가 산을 보거나 상상하지 않아도 내가 산을 인지할 수 있는 어떤 능력(가능성)을 가지고 있다는 것이다. 마찬가지로 '자기의식' 혹은 '자아의식'이 문제가 될 때, 내가 나에 대해서 현실적으로 전혀 알지 못하지만 언젠가 그것을 인지할 가능성을 지니고 있다면 '의식'일 수가 있는 것이다. 이는 달리 말해서 나 자신이 인지하지는 못하지만 나의 깊은 곳에 숨겨져 있는 '나에 관한 모든 것'도 나의 의식에 포함된다는 것이다.

만약 의식이 '습성'이라고 한다면, 가령 내가 평소에 산을 인지하고 생각하는 '습성'을 지니고 있다면 현재 구체적인 산을 인지하거나 떠올리지 않아도 '산에 관한 의식'을 지니고 있는 것이다. 이 경우 '자기의식'이란 내가 평소에 자주 떠올리는 나에 관한 모든 것이 될 것이다. 그러나 토마스 아퀴나스는 의식이란 어떠한 경우에도 "현재 내가 구체적인 것을—상상으로라도—떠올리고 인지할 수 있을 경우에만 의식일 수 있다"고 판단했다. 나아가 '내가 가진 의식'은 단순히 인식 기관을 통해서 떠올리거나 인지하는 것만을 의미하는 것이 아니다. 나의 정신 속에서 어떤 구체적인 앎의 내용이 형성되며 이러한 앎의 내용이 결국 '나의 의식' 혹은 '나에 관한 의식', 즉 '자아의식'으로 지속되고 있다는 것을 의미한다.

이러한 토마스 아퀴나스의 실재론적인 관점은 "나는 사유한다, 고로 나는 존재한다"는 데카르트식의 자기의식을 비판하거나, 사유 주체에 대한 자각을 비판하는 하나의 척도가 되기도 한다. 왜냐하면 '나는 사유한다'가 의미를 가지려면, 즉 그것이 참된 의식이 되기 위해서는 '구체적인 사유 대상'이 있어야만 하기 때문이다. 그것이 나의 외부에 있는 대상이든 혹은 나의 내면에 있는 대상이든 나아가 '자기 자신에 관한 의식'이든, 대상이 없는 '사유'는 칸트가 말한 것과 같이 공허한 것일 뿐이기 때문이다. 이는, '나는 본다'라고 할 때 '보이는 구체적인 대상'이 전혀 없다면 '본다'는 행위가 아무런 의미가 없는 것과 같은 것이다. 이러한 토마스 아퀴나스의 실재론적인 사유는 '자기의식' 혹은 '자아의식'의 문제가 될 때 특히 중요한 지평을 열어주고 있다. 즉 의식을 마치 '정신적인 실재'처럼 고려할 수 있는 것이다. 의식이 '항상 행위(현실성) 중에 있다'는 것은 달리 말해 비록 현재 내가 분명하게 의식하고 있지는 않더라도, '나의 자아'는 항상 내가 인지하고 있는 것이며 항상 나에게 현존하고 있는 것—토마스는 잠을 잘 때에도 나의 의식은 소멸하지 않는다고 말한다—임을 말한다. 즉 어떤 의미에서 나의 모든 행위는 항상 현존하는 '나의 의식(자의식)'의 지배를 받는 것이다.

의식에 관한 토마스 아퀴나스의 사유 중 현대인들에게 가장 흥미로운 점은 의식이란 항상 종합적으로 인식하는 행위라는 점이다. 왜냐하면 의식은 어떤 것을 '종합적으로' 인지하고 인식하는 '사태 자체'를 의미하기 때문이다. 즉 내가 교사인 것을 의식한다는 것은 교사의 개념, 교사의 역할, 교사의 의무, 교사로서의 태도, 나아가 구체적으로 어떤 학생들의 교사인 것을 종합적으로 인지함을 의미한다. 그러므로 인간의 의식이란 그 자체 '윤리적 도덕적 지평'과 불가분한 것이며, 바로 이러한 이유로 의식이란 '양심의 원리'와 불가분한 것이다. 다시 말해 양심은 인간 의식을 형성하는 하나의 근본적인 원리가 되는 것이다. 이러한 관점은 논리적 판단과 가치판단을 각기 다른 범주나 영역으로 분리하고자 하는 현대인의 정신에는 낯선 것이기도 하다. 현대 사조의 특징 중 하나는 학문을 세분화하는 것이다. 학문의 발달은 끊임없이 새로운 영역을 산출하고 있으며, 기존에 존재하는 학문 분야도 끊임없이 세분화하고 있다. 이러한 세분화는 긍정적으로 보자면 전문성을 높이는 것이 되겠지만, 소통의 단절이라는 심각한 문제를 야기하기도 한다. 생물학이나 의학, 고고인류학이나 철학적 인간학은 모두 동일하게 '인간'을 문제 삼고 있지만, 생물학이나 고고인류학은 의학이나 철학적 인간학과 서로 소통할 수가 없다. 베르그송이 지적하고 있듯이 현대사회를 한 인격체로 본다면, 이 현대사회는 '자아분열증'에 걸린 인격이다. 그러나 이러한 분열이 그 자체로 나쁜 것은 아니다. 전문성의 발전이라는 측면에서 긍정적인 측면이 있다. 그러나 분열은 종합 혹은 통합을 요청하고 있다. 오늘날 유행하는 '학제 간의 연구'나 '통섭'이라는 것은 바로 이러한 '종합'을 요구하고 있는 것이다. 이러한 맥락에서 "인간 의식이란 모든 것을 종합적으로 인식하는 것"이라는 토마스 아퀴나스의 사유는 참으로 의미 있는 사유임이 분명하다.

또한 현대의 심리학은 다양한 자아를 상정하고 있다. '생물학적 자아', '사회적 자아', '민족적 역사적 자아', '정치적 자아', '종교적 자아' 등등. 그러나 의식은 항상 종합적이라는 토마스 아퀴나스에 의하면 이러한 다양한 자아들은 그 자체로 불완전한 의식이라고 해야 할 것이다. 진정한 자아의식은 이러한 다양한 자아들이 종합적으로, 혹은 통합적으로 하나의 의식으로 수렴될 때에만 가능할 것이다. 이것이 진정 '나의 자아'라고 할 수 있는 것이다. 아마도 이러한 통합된 '자아'를 '총체적 자아' 혹은 '절대적 자아'라고 할 수 있을 것이다. 혹자는 이러한 절대적 자아는 다만 사유될 수 있을 뿐 인간으로서는 결코 가능하지 않는 '환상'이요, 이러한 토마스의 사유는 다분히 '낭만주의적 사유'라고 비판할 수 있을 것이다. 그러나 토마스 특유의 '실재론'식으로 답하자면 "비록 가다가 아니 가도, 간 만큼은 이익이다"라고 답할 수 있을 것이다.

모든 것을 항상 그 최후의 진리까지 추구하고자 했던 토마스 아퀴나스의 '의식에 관한 사유'는, 오늘날 여전히 의식과 관련된 학문 분야들, 인식론, 심리학, 인간학 등에 소중한 빛을 제공할 수 있는 중요한 자료가 될 것이다.

1   (옮긴이주)《진리론》, q. XV, 〈상위 이성과 하위 이성에 관하여〉, a. 1,
     resp.

2   (옮긴이주)《진리론》, ad 1.

3   (옮긴이주) '양심은 능력인가 습성인가'라는 물음이 왜 중요한 것
     일까? 그것은 이 문제가 인간 행위에 대한 근원적인 특성을 부여하
     는 문제와 연관되기 때문이다. 능력을 의미하는 라틴어 'potentia'
     는 가능성 혹은 잠재성이라는 의미를 함의하고 있고, 행위를 의미
     하는 'actus'는 현실성이라는 의미를 함의하고 있다. 그리고 이들 사
     이에 있는 것이 습성, 즉 'habitus'이다. 즉 어떤 것이 능력이라는 것
     은 항상 현실적으로 작용하는 것이 아니라 의지가 유발할 경우에만
     작용하는 것을 말하며, 작용이 실행되면 행위, 즉 현실적인 것이 되
     는 것이다. 가령 보는 능력을 의미하는 시각은 눈을 감고 있는 한에
     서는 가능성이지만 눈을 뜨고 어떤 것을 보게 되면 행위가 된다. 반
     면 습성이란 항상 가능성 중에 있는 것도 아니고 항상 행위로 이행
     되는 것도 아닌 어떤 근원적인 원리라고 할 수 있다. 이는 아리스토
     텔레스가 말하는 제2의 천성을 의미하는 '습성'과도 유사한 것이다.
     예를 들어 고전 음악을 좋아하는 사람은 자신의 본성 속에 고전 음
     악을 좋아하는 성향을 가지게 되고, 이러한 성향은 완전히 가능적

인 것도 완전히 현실적인 것도 아니다. 마치 고전 음악을 좋아하게 되는 원인으로서의 본성적인 경향성처럼 주어져 있다. 이러한 것을 습성이라고 하는데, 토마스는 양심을 이러한 습성의 일종으로 보고 있는 것이다. 즉 양심은 사용하지 않으면—완전히 소멸할 수는 없지만—거의 소멸될 수도 있으며, 보다 많이 사용할수록 보다 분명하고 강한 '능력'처럼 존재하는 것이다. 뿐만 아니라 습성으로서의 양심은 한 개인의 의식을 특징짓는 제일원인처럼 작용한다. 그렇기 때문에 '오류의 의식', '헤매는 의식' 등은 모두 양심에 그 첫 원인이 있으며, 양심에 대한 이러한 고찰은 토미즘에 있어서 인간 의식과 도덕적 행위에 대한 분석과 이해에 결정적인 역할을 하는 것이다.

4 (저자주) ch. 7(1012a 23).

5 (저자주) Liv. II, ch. 10(P. L. 32, 1256).

6 (저자주) ch. 7(P. L. 42, 1005).

7 (저자주) VII 17(1041b 11).

8 (옮긴이주) 여기서 '반대되는 것으로부터의 능력'이라는 것은 이성이 어떤 것을 인지하고 식별하는 능력을 말하는 것이다. 이성적인 인식이란 항상 큰 것과 작은 것, 긴 것과 짧은 것, 높은 것과 낮은 것, 찬 것과 더운 것 등의 서로 반대되는 속성들의 인식과 구별을 통해서 이루어지기 때문에 '반대되는 것으로부터의 능력'이라고 불린다.

9 (옮긴이주) 라틴어의 'fomes'는 사실상 '욕망' 혹은 '탐욕'의 원인이 되는 모든 것을 지칭한다. 즉 인간의 마음에 욕망을 불러일으키는 자질구레한 것들을 지칭하는 용어이다. 그러나 부드러운 독해를 위해 '욕망'으로 번역했다.

10 (저자주) 《나쁜 업무와 면직에 관하여*De peccatorum meritis et remissione*》 II c. 4(P. L. 44, 152).

11 (저자주) 이러한 관점을 대표하는 사람으로는 오세르의 길오Guil-
   laume d'Auxerre(《황금 대전*Summa aurea*》II tr. 12, 1쪽)를 들 수 있다.

12 (저자주) 이러한 관점을 대표하는 사람으로는 알레스의 알렉산드르
   Alexandre de Halès를 들 수 있다.

13 (저자주) 이러한 관점을 대표하는 사람으로는 알베르 르 그랑Albert
   le Grand(《인간학 대전*Somma de homine*》)를 들 수 있다.

14 (옮긴이주) 이러한 관점은 세계를, 그리고 존재하는 모든 것을 유기
   적인 차원에서 이해하고자 하는 관점이다. 가령 '본질적으로 서로
   다른 인간의 지평인 지성과 감성, 혹은 이성과 감각이 어떻게 소통
   을 할 수 있는가' 하는 문제에 있어서 보다 상위적인 이성의 최하위
   부분과 보다 하위적인 감각의 최상위 부분이 서로 소통을 하며(맞
   닿아 있으며), 이를 통해 이성과 감각이 단절된 것이 아니라 서로 하
   나의 전체를 이루게 되는 것이다. 토마스는 이를 '감성이 불완전하
   게 지성에 참여하는 것'으로 이해하고 있다. 이러한 토마스의 관점
   은 가장 전형적인 '아날로그적 사유'라고 할 수 있다. 이러한 아날로
   그적 사유는 존재하는 모든 것이 서로 긴밀하게 연관되어 있고, 존
   재하는 모든 것을 하나의 유기적인 '존재(세계)'로 볼 수 있게 하는
   것이다. 이러한 토마스의 사유는 '질서cosmos'라는 우주에 대한 그리
   스적 사유를 보다 합리적으로 설명하는 것이라 할 수 있다.

15 (옮긴이주) 여기서 우리는 토마스 아퀴나스에게 있어서 '선천적인
   것' 혹은 '생득적인 것'이 무엇인지를 이해할 수 있다. 토마스 아퀴
   나스에게 있어서 지성 혹은 이성, 양심 등은 모두 선천적인 것 혹은
   생득적인 것이다. 즉 경험을 통해서 획득되는 것이 아닌, 탄생과 더
   불어 지니고 있는 '선천적인a priori' 것이다. 그렇다고 해서 이 지성
   이나 양심이 어떤 구체적인 (앎의) 내용을, 탄생과 더불어 (경험 이
   전에) 가지고 있는 것은 아니다. 태어나면서 지니고 있는 것은 습성

으로서의 원리뿐이다. 이 원리란 구체적인 앎을 가지기 위한 원리이며, 이를 통해서 지적인 경험 혹은 도덕적인 경험이 가능한 그러한 원리이다. 따라서 토마스 아퀴나스의 '지성이나 양심의 선천적 특성'은 인간의 영혼이 모든 앎을 이미 가지고 있으나 망각하고 있을 뿐이며, 안다는 것은 '상기하는 것'이라는 플라톤적인 '선험적 특성'과는 다르다. 또한 이해 능력이나 양심의 능력이라는 것 자체가 경험과 학습을 통해 형성된다는 '경험주의적 입장'과도 다르다.

16 (옮긴이주) 사실상 토마스 아퀴나스는 양심이 '습성habitus'이라는 것을 지속적으로 주장하고 있는 셈이다. 《신학 대전》에서 그는 다음과 같이 정의하고 있다. "이 부동의 이성들(이성과 양심)은 실천 이성의 첫 원리들이다. 이들에 있어서 실수란 불가능하다. 사람들은 이성에게는 능력의 속성을 부여하고, 양심에게는 습성의 속성을 부여하고 있다"(ST., I, q. 79, a. 12, ad 3.).

17 (옮긴이주) 예를 들어 '길다, 짧다' 혹은 '차다, 따뜻하다' 등의 동일한 속성들의 '비교'나 '분할(나눔)'이 있기 위해서는 이들이 동일한 원인, 즉 길이, 온도 등의 동일한 차원에 통합되어야 한다는 것이다.

18 (옮긴이주) 여기서 양심의 세 가지 능력과 이에 대립하는 네 가지 요소들이 정확히 무엇을 의미하는지는 분명하지 않다. 그러나 추론하자면 양심의 세 가지 능력은 선악을 식별하는 능력, 선을 지향하는 능력, 선을 실천할 수 있는 내적인 능력이라고 볼 수 있다. 그리고 이에 대립하는 네 가지 요소란 탐욕, 이기심, 방종 등이 될 것이다. 그러나 이러한 '세 가지' '네 가지'라는 숫자적 구분은 그리 중요한 것은 아닐 것이다. 보는 관점에 따라서 얼마든지 다른 방식으로 분류나 분석이 가능하기 때문이다.

19 (옮긴이주) 가령 양심이 '탐욕'에로 기울 때 이는 양심에 탐욕의 능력이 있는 것이 아니라, 양심이 돈이나 아름다움 등을 추구하는 동

인, 즉 운동의 원리가 되기 때문이다.

20 (옮긴이주) 이러한 이행의 대표적인 예는 논리적인 영역에서 윤리
적인 영역에로의 이행이라고 할 수 있다.

21 (옮긴이주) 절대적으로 고려된 능력으로 수학적 능력이나 색을 구
별하는 능력을 말할 수 있다면, 타고난 습성으로서의 능력은 선악
을 판단하는 능력이라고 할 수 있다.

22 (옮긴이주) 토마스 아퀴나스가 고려하고 있는 이성의 습성 중에는
생존하고자 하는 습성, 정의를 추구하는 습성, 행복하고자 하는 습
성 등이 있다. 이러한 습성들은 가끔 '이성적'이라는 것과는 구별되
지만 그렇다고 이성적인 것과 대립하는 것으로서 구별되는 것은 아
니다. 선천적으로 '선을 추구하는 양심의 능력'도 이와 마찬가지이
다. 물론 철학자들에 따라서는 '생존하고자 하는 것', '아름다움을
추구하는 것' 등을 이성으로부터의 습성이 아니라고 볼 것이다.

23 (옮긴이주) 양심은 '능력이자 습성'이 아니라 '습성을 갖춘 능력'이
라는 것은 무엇을 의미하는가? 이는 습성과 능력에 대한 아리스토
텔레스적 관점이다. 즉 양심은 애초에는 원리에 불과하기에 능력이
될 수 없으며 습성에 불과하다. 그러나 이러한 습성이 계속적으로
반복되면서 일종의 '제2의 천성' 혹은 '제2의 본성'처럼 되었을 때
우리는 이를 '능력'이라고 부를 수 있다. 이는 색을 구별하는 능력이
경험과 무관하게 주어진 것으로서 능력이라 불리는 것처럼, 제2의
본성처럼 된 양심도 경험과 무관하게 선을 지향하는 확고한 능력처
럼 되었기 때문이다. 따라서 양심이 능력으로 불릴 수 있는 경우는
'습성을 완전하게 갖춘', 즉 제2의 본성처럼 된 경우이다.

24 (옮긴이주) 만일 이 경우 양심이 능력이라고 한다면, 어떤 특정한
사람들에게 있어서 그의 양심이 '선에로 기울지 않는 경향'을 보일
때 이를 설명할 수가 없게 된다. 즉 '능력'은 항상 분명하게 선으로

기울어야 한다.

25 (옮긴이주) 영혼의 생득적인 습성으로서의 '악malum'과 '선bonum'에로 기우는 경향성에서, 악과 선이란 윤리적인 의미가 아닌 존재론적인 의미, 즉 탐욕, 관능, 절제, 사려 등의 선악을 말하는 것이다.

26 (옮긴이주) 여기서 우리는 인간 본성에 대한 토마스 아퀴나스의 입장을 엿볼 수 있다. 인간의 본성이 선한 것인가 악한 것인가의 문제인 성선설 혹은 성악설에 대한 토마스의 입장은 중립이라고 할 수 있다. 즉 인간은 탄생과 더불어 악의 경향성도 선의 경향성도 지닌다. 경향성을 가진다는 것은 그 자체로는 '선한 것'도 '악한 것'도 아니다. 인간은 선을 추구하고 악을 멀리하는 양심의 능력을 타고난 것이지만, 양심이 있다는 이유만으로 인간은 선을 추구하지 않는다. 이 양심이 선한 행위를 하기 위해서는 교육과 환경의 영향을 받아야만 하는 것이다. 그러므로 토마스는 칭송 받을 만한 행위, 즉 선의 실천은 인간에게 주어진 순수하게 자연적인 재원들만으로는 불가능하다고 한 것이다. 여기서 토미즘의 '경험론적인 윤리관'이 잘 부각되고 있다. 토미즘의 인간관에 따르면, 인간은 선과 악을 지향하는 가능성을 동시에 지니고 있지만, 둘 중 어느 곳으로 향하는가는 교육과 환경의 영향이 결정적인 것이다.

27 (옮긴이주) '능동적인 능력'과 '수동적인 능력'에 대한 토마스 아퀴나스의 설명은 참으로 흥미롭다. 일상적인 용어에 있어서 '능동적'이란 누가 시키기 전에 적극적으로 행동하는 것을 말하며, '수동적'이란 누구의 명령을 받고서야 행하는 것을 말한다. 이러한 것을 토마스는 대상을 변형하는 것은 능동적이요, 대상의 변형이 없는 것은 수동적인 것으로 분류하고 있다. 이러한 원리로 영혼의 능력들을 구분하고 있는데, 식물적인 능력은 능동적인 것으로, 감각적인 능력은 수동적인 것으로, 그리고 지성적인 능력은 능동적이며 동시

에 수동적인 것으로 분류하고 있다.

28 (옮긴이주) 지성을 통해서 '가능성 중의 지성적인 것'이 '현실적인
지성적인 것'으로 변화한다는 이러한 관점은 토미즘 특유의 실재론
적인 인식론의 관점이다. 가령 '한 송이 국화꽃은 완벽한 좌우 대칭
을 이루고 있다'라거나 '자연은 순수하다'라는 진리들에서 '완벽한
좌우 대칭'과 '순수성'이라는 앎은 인간의 지성에 의해 밝혀진 것이
다. 그렇다면 '좌우 대칭'과 '순수성'은 인간의 인식과 무관하게 국
화꽃과 자연 안에 실재하는 것인가? 아니면 단순히 '언어적 혹은 학
문적 약속'에 지나지 않는 것인가? 전자의 경우를 지지한다면 플라
톤적 사유를 지지하는 것이며, 후자의 경우라면 라캉 같은 언어철
학자들을 지지하는 것이 될 것이다. 그런데 토미스트라면 전자도
후자도 아니요 다른 관점을 지지할 것이다. 즉 '사물들 속의 지성적
인 것'은 원래는 가능성 중에 있던 것이 인간의 지성 작용을 통해서
비로소 '현실적인 것'이 되는 것이다. 그러므로 쟈크 마르탱 같은 철
학자는 인간의 지성적 행위를 통해서 세계가 비로소 완성에 이른다
고 생각하는 것이다.

29 (옮긴이주) 토마스의 이러한 설명은 '존재의 실체적인 통일성'을 염
두에 두고 있다. 가령 소크라테스, 남자, 백인, 그리스 사람 등은 사
실상 동일한 존재에 대한 다른 지칭들이며, 우리는 어떤 것을 통해
서도 소크라테스를 지칭할 수 있다. 마찬가지로 '이성'이라는 것은
'상위 이성', '하위 이성', '양심', '습성을 동반한 능력' 등 그 어떤 것
으로도 지칭할 수 있다. 그리고 이러한 구분은 범주나 부분의 구분
이 아니라 동일한 '주체'에 대한 기능들의 구분, 정확히는 행위의 대
상에 대한 구분에 지나지 않는 것이다.

30 (옮긴이주) 양심의 능력이 경험에 의해 형성된 것이 아니라 선천적
인 것임을 분명히 하는 대목이다. "현실적인 앎은 행위에 대해서는

우선적이지만, 양심의 습성에 대해서는 우선적이지 않다"는 것은 사람들의 도덕적인 행위는 자신이 지니고 있는 현실적인 앎에 근거하는 것임을 말하고 있다. 즉 행위의 원인은 앎인 것이다. 그러나 이러한 현실적인 앎이 양심에 대해서는 우선적이지 않다는 말은 이러한 도덕적인 앎들을 통해서 양심이 형성되거나 영향을 받는 것이 아니라, 오히려 이러한 도덕적인 앎이 형성되는 데 있어 이미 주어진 양심이 영향을 준다는 것이다. 즉 양심의 능력은 경험적인 앎들에 앞선 선천적인 것이다. 따라서 동일한 상황과 경험 속에서도 각 개인이 지닌 양심의 순수성에 의해서 개인들이 가지게 되는 도덕적 앎의 양태는 달라질 수밖에 없다. 즉 토마스 아퀴나스에게 있어서 도덕적 앎의 원리인 '양심' 그 자체는 모든 도덕적인 앎에 앞서는 것이며 이러한 앎에 영향을 미치는 것이지 그 반대가 아니다. 물론 여기서 도덕적 행위의 실천이 문제가 될 때는 양심의 능력 그 자체보다는 환경과 교육을 통한 습성이 보다 중요하게 부각되는 것이다.

31 (옮긴이주) 여기서 우리는 영혼의 최상위 부분이 '상위 이성'을, 멤피스의 아들이 '악마'를 상징한다고 볼 수 있다.

32 (저자주)《형이상학》제9권 2(1046b 4).
   (옮긴이주) 여기서 대립하는opposita 능력이란 많고 적음, 차고 더움, 음과 양, 남자와 여자, 좋음과 나쁨, 선과 악 등 서로 반대되는 것들을 통해서 어떤 것을 이해하는 능력을 말한다. 아리스토텔레스는 가장 일차적인 '이성적인 능력'을 바로 이러한 대립하는 것들에 대한 비교를 통해 앎을 가지는 능력이라고 보았다.

33 (옮긴이주) 이러한 사고는 선을 존재로 호환할 수 있다는 것에서 주어진다. 즉 악이 존재의 결핍처럼 나타날 때, 순수한 악이란 존재의 완전한 결핍, 즉 '순수하게 없음'을 의미하므로 이는 없는 것과 같다. 따라서 악은 어떤 식으로든 존재와 비존재의 합성이지 순수한

비존재일 수 없는 것이다.

34 (저자주) 본론 6(189a 19).

35 (옮긴이주) 우리는 여기서 데카르트의 '코기토'의 법칙과 유사한 것을 발견할 수 있다.

36 (옮긴이주) '양심이 죄를 지을 수 없다'고 하는 토마스의 견해에 대한 근거는 결국 한 가지로 수렴된다. 그것은 양심이 실천 이성의 제일원리라는 것이다. 즉 사변 이성에서 제일원리들은 절대적으로 확실하여 오류를 범할 수 없다. 가령 데카르트가 말하듯 수학적 원리나 기하학적 원리는 그 자체 명석 판명한 것으로 오류가 있을 수 없다. 마찬가지로 실천 이성의 제일원리인 양심 역시도 실천적인 이성의 제일원리이기에 오류가 있을 수 없다. 즉 죄를 지을 수 없는 것이다. 아래 "해결책"에서 토마스는 시종일관 이러한 관점을 유지하고 있다.

37 (옮긴이주) 우리는 여기서 당시 〈에제키엘〉에 대한 주석이 양심에 대한 불완전한 기초를 제공하고 있음을 볼 수 있다. 이 주석서는 '양심'과 '의식'을 분명하게 구분하고 있지 않으며, 토마스 아퀴나스는 이 점을 지적하고 있는 것이다. 당시 '양심'이라는 용어는 매우 포괄적으로 사용되고 있었으며, 토마스 아퀴나스의 장점은 이러한 불완전한 구분을 분명하게 하고, 양심과 의식에 대한 정의를 명확하게 하고 있다는 점이다. 우리는 질문 17의 〈의식〉편에서 이를 분명히 볼 수 있을 것이다.

38 (옮긴이주) 앞서 죄에 대해서 고통을 느끼는 것은 영혼 전체이며, 따라서 양심 역시도 고통을 받기에 양심이 죄를 짓는다고 논증하였다. 그런데 아우구스티누스는 비록 죄를 짓는 것은 존재의 한 부분이지만 처벌을 받는 것은 개인 자체라고 논하며, 양심이 죄를 짓는 것은 아니라고 반박하고 있다. 쉬운 예를 들면, 손이 죄를 짓지만 처

벌받는 것은 개인이기에 발이나 엉덩이도 고통을 당하게 된다. 그
렇다고 발이나 엉덩이가 죄를 짓는 것은 아닌 것이다. 이러한 논증
은 재미있는 논증이지만 여전히 논의의 핵심 사안이 남아 있다. 즉
'양심이 죄를 지을 수 있는가?'라는 물음에 대해서 '양심은 죄를 지
을 수 없다'고 논하려면 '존재의 한 부분이 죄를 지으면서 전체가 고
통받는다'고 논증한 후 왜 양심은 '죄를 지을 수 있는 이 한 부분'에
속하지 않는가를 논해야만 하는 것이다. 결국 논의의 핵심은 '양심
은 죄를 짓는가?'라는 물음을 '인간이 양심을 통해서 행할 때도 죄
를 지을 수 있는가?'라는 물음으로 환원해야 하며, 그 답변은 만일
인간이 '양심의 명령에 따라서 행하기만 한다면 죄를 지을 수 없다'
고 해야 할 것이다. 물론 그 이유는 양심이 윤리적 도덕적 판단의 제
일원리, 즉 가장 먼저 있는 판단 기준이기 때문이다. 죄가 발생하는
경우는 오류의 의식이 양심의 판단을 잘못 적용하거나, 양심의 올
바른 판단에도 불구하고 자유의지의 선택이 잘못된 경우이다.

39 (저자주) 롬바르드Lombard의 주해(P. L. 191, 163 A).

40 (저자주) 《신의 도성》 제21권, c. 9(P. L. 41, 723).

41 (옮긴이주) 한마디로 말해서 토마스의 결론은 '실체로서 혹은 원리
    로서의 양심'은 결코 소멸하지 않지만, 이러한 양심의 빛이 현실적
    으로 적용되지 못하는 상황에서 유비적으로 혹은 특수한 의미로
    '양심의 소멸'을 말할 수 있다는 것이다.

42 (옮긴이주) 양심이 소멸할 수 있다는 1번 주장에서 그 핵심은, '타락
    하다'에서 타락이란 이성의 빛의 소멸을 의미하며, 이성의 빛이 곧
    양심의 빛이라고 보는 데 있었다. 그러나 여기서 토마스 아퀴나스
    는 양심의 빛과 이성의 빛을 구분하고 있다. 즉 양심의 빛은 보편적
    인 판단 능력을 의미하고, 이성의 빛은 이 판단들을 구체적인 사안
    에 적용하는 능력을 의미하고 있다. 따라서 이성적인 빛의 소멸이

곧 양심의 빛의 소멸을 의미하는 것이 아니라고 답변하고 있는 것이다. 토마스는 양심의 빛은 이성의 빛보다 더 근원적인 혹은 일차적인 것이라고 해명하고 있다.

43 (옮긴이주) 이러한 논의는 일반적으로 우리가 발견하는 무신론자들의 예에서 많이 볼 수 있다. 가령 "나는 신이 존재한다면 신을 믿을 것이다. 그러나 나는 신이 존재한다는 증거를 아직 발견하지 못하였기에 신을 믿지 않는다"라고 말하는 사람이 있다. 이러한 사람에게도 양심의 빛은 여전히 존재한다. 왜냐하면 '신이 존재한다면 믿을 것이다'라는 주장은 곧 양심의 보편적인 판단이기 때문이다. 그러나 그들은 《성경》의 계시를 진정한 신의 계시로 인정하지 않는 것이다. 토마스에 의하면 이러한 사람이 신을 믿지 않는 것은 신 존재의 증거를 판단하는 이성의 오류일 뿐 양심의 오류는 아닌 것이다.

44 (옮긴이주) 이러한 토마스의 논의에 따르면 아무리 사악한 죄인이라도 무엇이 (도덕적으로) 옳고 그른지를 판단하는 가장 기본적인 보편적 원리는 가지고 있다고 할 수 있다.

45 (옮긴이주) 지옥에 있는 사람조차도 '본성'을 가지고 있기에 선에로의 경향성이 완전히 소멸한 것이 아니라는 토마스의 견해는 당시로서는 논란의 여지가 있는 문제였으며, 오늘날 여전히 정통적인 교의에서는 논란이 될 수 있는 사유이다. 이는 철학적인 문제를 넘어서는 신학적인 문제이며, 이성적으로 사유될 수 있는 문제이기보다는 믿음의 문제이다. 그러나 이러한 토마스의 견해는 믿음에 근거한 단순한 '견해'가 아니라 오히려 종교적 신학적 문제를 '형이상학적' 원리를 적용하여 이성적으로 사유한 결과이며, 여기서 토미즘 특유의 낙관론을 볼 수 있다. 이 낙관론은 '존재는 곧 선이다'라는 형이상학적 원리에 따라 순수한 악, 절대적인 악이란 존재할 수 없

다는 것에 근거한다. 무엇이 존재하기 위해서는 그 존재를 존재할
수 있게 하는 제일원인인 '존재 자체', 즉 '신의 존재'가 그 개별 존재
를 지탱해야 한다. 여기서 악이란 존재의 박탈과 같은 것이다. 따라
서 앞서 말한바 있듯이 모든 선이 제거된 '순수한 악'은 그 자체 존
재의 총체적인 박탈을 의미하며, 이는 곧 '존재하지 않음'을 의미한
다. 그러므로 지옥에 존재하는 악한 영혼들도 그들의 존재를 유지
하고 있는 한, 최소한의 선함을 지니고 있는 것이다. 여기서는 이러
한 존재가 구체적으로 나타는 원리인 '본성'을 근거로 이러한 그의
사유를 논하고 있다. 이러한 토마스의 사유는 악의 최종적인 승리
는 그 자체 모순된다는 것이며, 이는 '결국 선이 악을 이길 것'이라
는 낙관론적인 종말론의 근거가 되는 것이다.

46 (저자주) 〈에제키엘〉에 대한 성 예레니모의 일반적인 주해서 I, c.
    1(P. L. 25, 22 C).

47 (옮긴이주) 이러한 논의는《신학 대전》제1권 질문 79에서 동일하
    게 사용되고 있다(S. T., I, q. 79, a. 13, arg. 2).

48 (옮긴이주) 여기서 의식이 능력이라고 주장하는 사람들의 견해에
    있어서 핵심이 되는 근거는 '의식이 타락한다'는 것에 있다. 그런데
    '타락하는 것' 혹은 '변질되는 것'은 왜 능력이어야 할까? 그것은 타
    락하거나 변질되는 것은 작용의 '주체'이기 때문이다. 예를 들어 시
    각은 하나의 능력이다. 그런데 만일 시각이 흐려지고 어떤 것을 잘
    볼 수 없다면 시각이 약해진(변질된) 것이다. 이 경우는 시각이라는
    능력이 변질된 것이다. 그런데 만일 의식이라는 것이 시각을 통해
    서 인지한 색깔을 인식하는 것이라면, 비록 시각이 약해졌다고 할
    지라도 의식이 약해졌다고 할 수는 없을 것이다. 토마스는 뒤에 나
    오는 "답변" 부분에서 바로 이러한 논의로 의식이 '능력'이 아니라
    '행위'라고 주장하고 있다. 즉 의식은 어떤 것을 현실적으로 인식(인

지)하는 상태이지, 어떤 것을 소유하고 있는 것이 아니라고 하면서 이러한 논의를 반박하고 있는 것이다. 이러한 토마스의 관점은 확실히 현대 심리학에서 이해하는 의식과는 다른 흥미로운 관점일 것이다.

49 (저자주) '이성의 평결(판단)' 이라는 표현은 《아리스토텔레스 주석》 II Sent.(d. 24, q. 2, a. 4, obj. 2)에서 사용되고 있다. 성 알베르투스 역시 '이성의 평결'에 대해서 언급하고 있는데, 《인간학 대전》, 〈양심에 관하여〉, 〈의식에 관하여〉 등에서 발견되고 있다. 그에게 있어서 '자연적인 판단naturale judicatorium'이라는 용어는 양심에 해당된다.

50 (저자주) '자연적 판단naturale judicatorium'이라는 용어는 바실의 'kriterion physikon'이라는 말을 번역한 것이다.

51 (옮긴이주) 이러한 논의에 대해서 토마스는 뒤 "답변" 부분에서 "잠자는 이에게도 의식이 습성의 뿌리에 잔존한다"고 하면서 잠은 '(앎의) 행위 그 자체'를 없애는 것은 아니라고 말하고 있다. 즉 의식이 행위임을 주장하고 있다. 다시 말해서 의식이 나 자신과 나 자신의 삶에 대해서 인지하고 있는 것은 잠을 잔다고 해서 없어지지 않는 것이다. 내가 잠에서 깨어날 때 여전히 잠들기 전의 그 동일한 의식이 나에게 있음을 내가 확인할 수 있는 것이다. 이러한 토마스의 사유에 따르면 인간이 살아 있는 한, 병이나 사고 등으로 어떤 장애가 발생하지 않는다면 의식은 항상 행위 중에 있는 것, 즉 현실적인 것이라고 할 수 있다. 이러한 관점은 오늘날 여전히 논의할 여지가 많은 심리학적 주제라고 할 수 있을 것이다.

52 (저자주) 《니코마코스 윤리학》 제6권 4(1140a 1), 5(1140a 24).

53 (저자주) 《니코마코스 윤리학》 제3권 1(1130a 18).

54 (저자주) 이 주해는 아우구스티누스의 주해로부터 롬바르드가 다시

언급하고 있는 것을 말하는 것이다. 《성경》에서 사도 바오로는 심판의 날에 진리 위에 집을 짓지 않은 사람들이 불로 심판을 받을 것이라고 경고하며, 세상에서 지혜롭다고 하는 사람은 사실상 하느님 앞에서는 어리석은 사람이었다고 말하고 있다. 그리고 "자신을 속여서는 안 된다"고 충고하고 있다. 이에 대해서 롬바르드는 "우리들로 하여금 성실성을 보여주는 것은 우리들의 의식의 증언이다(Ps 53, n. 9에 관한 Enarr.)"라고 말하고 있으며, 아우구스티누스는 "단죄받은 이들에게 있어서 가장 큰 징벌은 그들의 의식인 것과 마찬가지로, 경건한 이들(천국에 든 사람들)의 의식은 그들의 가장 큰 기쁨이다(P. L. 36, 623)"라고 해석하고 있다.

55 (옮긴이주) 여기서 "지옥에 있는 이들에게 의식은 고통"이라는 말은 무엇을 뜻하는 것일까? 그리고 위 주해에서 말하고 있는 '자신을 속인다'는 것은 또 무엇을 말하는 것인가? 그리고 우리들의 성실성(경건함)을 보여주는 것이 왜 우리들의 의식의 증언인가? 나아가 왜 가장 큰 고통이나 가장 큰 기쁨이 우리들의 의식 자체인 것일까? 이러한 질문에 답하기 위해서는 토마스 아퀴나스가 말하고 있는 사후 영혼들의 상황을 상상해보는 것이 도움이 될 것이다. 토마스 아퀴나스에 따르면 인간의 영혼은 이 세상에서 자신이 겪은 모든 일들을 기억하고 있다. 기억은 영혼의 내용이며 비질료적인 것이어서 지워지지도 없앨 수도 없다. 다만 우리의 정신이 외면하고 있을 뿐이다. 이 세상에서 사람들이 볼 수 있는 것은 오직 육체뿐이기에, 사실 우리가 한 일들에 대한 우리 의식 속의 기억들은 자신 외에 아무도 모를 뿐더러 심지어 나 자신마저 모를 수 있다. 그러나 사후 영혼들에게 있어서 육체는 완전히 소멸하고 오직 비질료적인 영혼(의식, 정신)만이 존재할 뿐이다. 이때 우리의 영혼에는, 지상에서 육체에 의해 숨겨진 모든 기억들이 정신적인 실재로 환하게 드러나

는 것이다. 바로 이러한 있는 그대로의 자신의 존재가 드러나는 순간은 참으로 고통스러울 것이다. 숨길 수도 없앨 수도 없이 자신의 괴물 같은 모습을 매일 보아야 한다는 것, 천사들이나 성인들 그리고 다른 영혼들이 기억 속에 있는 나의 진면모를 본다면 그 사실 자체가 얼마나 고통스러울 것인가! 그렇다면 어떤 내용들이 자신을 이토록 부끄럽게 하는 것들일까? 그것은 바로 '자신을 속인 것들'이다. 왜냐하면 인간의 양심은 결코 소멸하지 않고 무엇이 선하고 악한 것인지를 자신에게 말해주고 있기 때문이다. 바로 이러한 양심의 소리를 '이성의 사변적인 논의를 통해서 합리화시키는 것', 이것이 곧 자신과 자신의 양심을 속이는 행위인 것이다. 아마도 이러한 토마스의 사유는 현대를 사는 대다수의 사람들에게는 거북한 것이며, 어떤 사람들에게는 무시무시한 생각일지도 모른다. 그러나 진정 양심의 소리에 따라 산 사람이라면 이러한 견해는 오히려 반가운 사유일 것이다.

56 (저자주) 롬바르드의 주석(P. L. 191, 1345).

57 (저자주) 《니코마코스 윤리학》 제6권, 3(1139b 31), 5(1141a 7).

58 (저자주) 이 주석은 〈디모테오전서〉 1장 5절에 대한 아우구스티누스의 주해로부터 롬바르드가 다시 언급하고 있는 것이다. 아우구스티누스의 주석은 〈그리스도론De doctrina christiana I, c. 44〉(P. L. 34, 36)과 〈편람Enchiridion c. CXXI, 32〉(P. L. 40, 288)이다.

59 (저자주) 《정통신앙에 관한 교의De fide orthodxa》 IV, c. 22(P. G. 94, 1201).

60 (옮긴이주) 여기서 토마스는 의식이 '능력'인가 '습성'인가 '행위'인가에 대한 위의 다양한 논의들이 결국 '의식'이라는 '용어'가 무엇을 지칭하는가에 따라서 '능력'도 '습성'도 '행위'도 될 수 있다고 말하면서, 언어 사용의 의미에 초점을 맞추고 있다. 우리는 여기서 "일

상 언어들의 의미가 분명히 밝혀진다면 대부분의 철학적인 문제
는 해결될 것"이며, 철학이란 "일상 언어의 의미를 분명히 분석하는
것"이라는 비트겐슈타인의 정신을 보는 듯하다. 물론 아래에서 토
마스는 엄밀한 의미에서 의식이란 '행위'라고 분명히 자신의 입장
을 밝히고 있다.

61 (저자주)《토피코룸 *Topicorum*》 II 2(110a 16).
    (옮긴이주) 이 의미는 어떤 용어가 지칭하는 의미란, 다수가 그렇게
    이해하고 있는 의미를 말하는 것으로 언어의 사회성을 염두에 두고
    있는 듯하다.

62 (옮긴이주) 여기서 토마스는 자신의 관점을 분명히 하고 있다. 의식
    이라는 용어가 오직 행위에만 사용할 수 있는 것이라는 것은 토마
    스 아퀴나스의 실재론적인 특성을 드러낸다고 볼 수 있다. 가령 내
    가 '산'을 의식한다는 것은, 내가 '구체적인 어떤 산'을 바라보거나
    이미지로 떠올릴 때뿐이다. 내가 '어떤 산'을 인지할 능력(가능성)이
    있다고 해서 내가 산에 대한 의식을 가지고 있는 것은 아니며, 내가
    습관적으로 산을 인지하고 생각하는 습성을 지니고 있다고 해서 현
    재 산을 인지하거나 떠올리지 않으면서도 '산을 의식하고 있다'고
    말할 수는 없는 것이다. 이러한 토마스 아퀴나스의 실재론적인 관
    점은 '나는 사유한다, 고로 나는 존재한다'는 데카르트식의 자기의
    식 혹은 사유 주체에 대한 자각을 비판하는 하나의 척도가 되기도
    한다. 왜냐하면 '나는 사유한다'가 의미를 가지려면, 즉 그것이 참된
    의식이 되기 위해서는 '구체적인 사유의 대상'이 있어야만 하기 때
    문이다.

63 (옮긴이주) 가령 목수가 망치를 사용한다고 할 때, 이 '사용'이라는
    용어는 목수의 '능력'이나 '습성'을 지칭하는 것이 아니라 망치를 가
    지고 어떤 행위를 한다는 것을 의미할 뿐이다. 마찬가지로 어떤 것

을 의식한다는 것에서 '의식함'이란 내가 알고 있는 어떤 앎을 '특정한 사태에 적용하는 것'을 의미하는 것으로, '능력'이나 '습성'을 말하는 것은 아니다.

64 (옮긴이주) 여기서 토마스가 말하고자 하는 것은, '의식'이란 그 자체 어떤 것에 대한 '전체적인 인식'을 말하는 것이지 특수한 능력에 한정되어 사용할 수 있는 것이 아님을 말하는 것이다, 가령 '나는 너를 의식하고 있다'고 말할 때, 이 의식한다는 것은 '너는 남자이고 학생이며, 키가 크고 현명하며, 가난하지만 정직하다. 그리고 너는 나의 비인간적인 행위를 못마땅하게 생각하고 있다'는 등의 너에 대한 복합적인 인식을 의미하는 것이지 구체적인 하나의 개별적인 능력인 '너는 키가 크다'는 것을 따로 떼어서 인식하는 행위를 지칭하는 것은 아니다. 이러한 토마스의 사유는 인간의 인식이란 본질적으로 '오감과 이성, 지성, 윤리적인 판단' 등을 동반하는 동시적인 인식임을 말해주고 있다. 토마스의 이러한 사유의 근거는 '인간의 영혼은 그 자체 하나의 식물적 동물적 이성적인 실체'라는 것이다.

65 (옮긴이주) 여기서 토마스가 구분하고 있는 것을 간단히 말하면, '의식하다'의 두 가지 의미는 '어떤 것의 실존(존재)을 인식하는 것(사태에 대한 인식)'과 '어떤 것의 옳고 그름이나 선악을 인식하는 것(윤리적 상태 혹은 행위에 대한 인식)'이다.

66 (옮긴이주) 이러한 관점은 '죄는 미워도 인간은 미워할 수 없다'는 격언을 생각하게 한다. 인간이 아무리 큰 죄를 지었다 할지라도 타락한 것은 그의 의식이지 그의 양심이 아니다. 즉 인간인 한 그는 올바른 양심을 가지고 있으며, 다만 그의 의식이 문제를 지니고 있을 뿐이다. 따라서 아무리 큰 죄인이라도 우리가 질책해야 하는 것은 그의 '오류의 의식'이지 사람 자체가 아니다. 그는 여전히 보통사람과 동일한 양심을 지니고 있기 때문이다. 그러므로 '형벌의 목적이

처벌에 있는 것이 아니라, 교정에 있다'는 근대 형법의 정신은 토마스의 관점과 정확히 일치하고 있다. 이러한 관점은 인간에 대한 토마스의 '성선설'을 엿볼 수 있는 부분이다.

67 (옮긴이주) 3번의 논의는 1번과 2번의 논의와 연관되어 있다. 이 논의들에서 핵심적인 것은, '그 자체 변화할 수 없는 것'은 '능력'일 수 없다는 데에 있다. '의식이 수치스럽게 변화하는 것이 아니라 의식이 수치스러운 것에 대해 앎을 가지고 있다'는 것으로부터, 의식이 '능력'이 아니며 '행위'라고 논증하는 것이다. 변화할 수 없는 것은 행위가 아닌 이유에 대해서는 1장 48번 주를 참조하라.

68 (옮긴이주) 이러한 결론은 도덕적인 덕, 특히 사려prudentia의 덕에 관한 의식의 역할에 있어서 매우 중요한 의미를 담고 있다.

69 (옮긴이주) 왜냐하면 양심의 판단은 보편적인 지평에서 이루어지기 때문이다.

70 (옮긴이주) 여기서 우리는 '죄를 짓는 행위'의 원인에 대한 토마스의 날카로운 분석을 볼 수 있다. 죄의 원인은 전적으로 무지, 즉 '잘못된 판단'에 있는 것도 아니며, 자유의지의 잘못된 사용에 있는 것도 아니다. 죄의 행위는, 분명하게 잘잘못을 판단하고 올바른 행위를 감행할 자유의지가 있음에도 불구하고 탐욕으로 인해 상황에 대한 이성의 합리화가 끼어들고 그에 따라 의식이 자유의지로부터 멀어지면서 올바른 자유의지를 행사하지 못하게 되는 것이다. 이를 쉽게 설명하면 대다수의 죄의 행위는, 상황에 대한 모호한 의식으로 인하여 스스로 죄의 행위를 합리화하고 자유의지를 잘못 사용하게 되는 의식의 오류에 의해 발생하게 되는 것이다.

71 (옮긴이주) 위의 "답변" 1번에서 말한 것을 의미한다.

72 (옮긴이주) 여기서 '자연적인 판단'이라는 것은 다른 말로 '건전한 상식'이라고 할 수 있다.

73 (옮긴이주) 위의 "답변" 2번에서 말한 것을 의미한다.

74 (옮긴이주) 여기서 우리는 '인식'과 '앎'에 대한 토마스 아퀴나스의 분명한 견해를 볼 수 있다. 의식한다는 것은 어떤 것(사태)을 인지한다는 것을 말하며, 안다는 것은 이 인지된 것을 이성적으로 이해하는 것을 말하는 것이다.

75 (옮긴이주) 전자는 '자연적(일차적) 인식', 후자는 '반성적 인식'이라고 할 수 있다.

76 (옮긴이주) "의식이 학문과 지혜를 완성한다"는 토마스의 진술은 일견 당연한 것 같지만, 조금만 더 숙고해보면 의미심장한 내용을 담고 있음을 알 수 있다. 이는 오늘날 '통섭'이라는 말과 상당히 긴밀한 의미를 가지고 있다.

77 (옮긴이주) 위의 "그러나 의식이 습성habitus이라고 주장하는 사람들이 있다." 단락의 5번 논의에서 인용된 〈디모테오전서〉(1장 5절)의 인용구를 말한다.

78 (옮긴이주) "의식이 신에 의해서 주어진 것"이라거나 "모든 진리에 대한 앎은 신으로부터 기인된다"라는 사유는 토미즘 특유의 유비analogia적인 사유이다. 양심으로 인해 선한 일을 한 사람에게 있어서 선한 일의 원인은 자신의 양심이다. 그러나 자신에게 양심을 넣어준 것은 신이므로 궁극적으로 자신의 선행의 원인은 신이라고 생각할 때, 이는 '유비적으로 말해 신이 자신의 선행의 원인'인 것이다. 마찬가지로 세계의 제일원리들을 만든 자가 신이기에 유비적으로 말하면 세계를 움직이는 자는 신인 것이다. 이러한 유비적인 사유를 보다 현실적으로 혹은 실제적으로 삶의 의미로서 살아가는 사람들은 곧 '신비가'일 것이다. 왜냐하면 이러한 사람은 자연과 인생의 모든 곳에서 신이 개입하고 작용하는 것을 볼 것이기 때문이다.

79 (저자주)《니코마코스 윤리학》제6권 3(1139b 15).

80 (저자주) 〈에제키엘〉에 대한 예레니모의 주석(P. L. 25, 22 B).

81 (저자주)《정통신앙에 관한 교의》Ⅳ, c. 22(P. G. 94, 1200 A).

82 (저자주)《영혼론De Anima》Ⅲ 9 = Ⅲ 15(433 a 26).

83 (옮긴이주) 한글 번역본《성경》에서는 "당신께 몸을 피한 우리가 앞에 놓인 희망을 굳게 붙잡도록 힘찬 격려를 받게 하셨습니다"(〈히브리서〉6장 18절)라고 번역되어 있다.

84 (옮긴이주) '이성의 남용'이란 무엇을 의미할까? 남용이란 과도하게 사용하는 것, 혹은 사용하지 말아야 할 것을 부적절하게 사용하는 것을 말한다. 따라서 이성의 남용이란 '양심에 의해 명백해진 것'을 이성을 통해서 모호하게 만드는 것을 말하는 것일 것이다. 이런 의미에서 일반적으로 '자기합리화'라는 것이 모두 '이성의 남용'에 해당하는 것이라 볼 수 있다. 다른 하나는 이성을 넘어서는 주제에 대해서 이성적으로 사유하고 판단하고자 하는 경우일 것이다. 가령 사후에 다른 삶이 있을까? 신이 존재한다면 어떤 모습을 하고 있을까? 하는 문제에 대해 오직 이성적으로 추론하고 판단을 내리고자 할 때 '이성을 남용'하고 있다고 볼 수 있다.

85 (옮긴이주) 이러한 '시민적 규범'들에 대해서는 알베르투스 마그누스의 저서에서 깊이 있는 논의들을 발견할 수 있을 것이다. 알베르투스 마그누스의《하위 이성과 상위 이성에 관하여De ratione inferiori et superiori》, ms, Vat. lat. 781, fol. 36을 참조할 것.

86 (옮긴이주) 이러한 것은 현대인들의 연역추론에 대한 정의에 해당한다. '연역추론이란 전제로부터 결론이 필연적으로 도출되는 추론'이라고 정의할 때의 이유, 바로 토마스의 이러한 설명인 것이다. 즉 전제와 결론이 사실상 동일한 것을 말하고 있기에 결론은 항상 (필연적으로) 참일 수밖에 없는 것이다. 따라서 연역추론이 오류를 범할 수 있는 것은 추론 그 자체에 있는 것이 아니라, 이러한 추론을

'잘못 적용'하는 과정에서 발생하는 것이다.

87 (옮긴이주) 학문이라고 해서 항상 진리를 말하는 것은 아니라는 이러한 관점은 오늘날에도 여전히 흥미롭다. 가령 현대 과학자들은 "반전 가능한 과학이 오히려 참으로 과학적인 것"이라고 말하고 있다. 이러한 태도는 과학은 항상 오류를 범할 가능성을 내포한 것이라는 것을 의미한다.

88 (옮긴이주) "이성에 낯선 어떤 것이 섞이게 되면 의식은 오류에 빠질 수 있으며, 이때 양심은……표면에 나타나지 않고 있다"는 표현은 참으로 흥미롭고 섬세한 심리학적 관찰이 동반되고 있다. 이러한 토마스의 사유는 '양심'의 원리 그 자체는 절대로 변하지 않는다는 그의 신념을 반영해주고 있다. 우리가 살고 있는 세계나 사회는 결코 합리적이거나 이성적이지만은 않다. 경우에 따라서는 이성적으로 납득할 수 없는 부조리한 일들이 발생하기도 한다. 가령 유전자 조작을 통한 새로운 종의 산출, 동성애 및 동성 결혼, 계약 결혼의 정당성, 무한 경쟁 사회 등 이성적으로 올바른 것인지 아닌지 판단하기 어려운 다양한 사태들이 오늘날 발생하고 있다. 사람들은 이러한 사태들을 판단함에 있어서 당연히 오류를 범할 수 있다. 그것이 비이성적인(초이성적) 것이라는 사실 자체부터 이성이 오류를 범할 수 있음이 상식적인 것이 되는 것이다. 이 경우 토마스는, 양심은 그의 순수성 안에 머물면서 표면에 나타나지 않고 있다고 한다. 이는 말하자면 그 자체 이성의 원리로 분명하지 않는 것에 있어서는 양심이 적용되지 않고 있다는 것이다. 바꾸어 말하면 만일 어떤 것이 이성적으로 분명하다면 양심을 적용할 수 있으며, 양심이 적용된다면 오류는 없을 것이라는 의미이다. 우리는 여기서 도덕적인 영역에서 양심의 판단은 결코 오류를 범할 수 없다는 토마스의 사유를 다시 한번 확인할 수 있다.

89   (옮긴이주) 우리는 이러한 예들을 정치가들의 행위에서 쉽게 발견
     할 수 있다. 가령 시민의 편의를 위해서 공원이나 산책로를 마련한
     다는 대전제는 참된 결정이지만 개발에 참여하는 건설사들을 선정
     할 때 공개입찰을 하지 않고 임의로 특혜를 주는 경우나, 학생들을
     위한 교재를 개발하기 위해 투자를 한다는 참된 결정을 하지만 교
     재의 내용을 선택하는 과정에서 공정하지 않게 어느 한 사람이 일
     방적으로 선택을 하는 경우 등이다. 이러한 경우의 오류는 이성이
     양심의 소리를 외면하거나 양심을 무시하고 일빙적인 결정을 내린
     데에 그 원인이 있다.

90   (옮긴이주) '헤매는' 혹은 '방향을 상실한 의식(이성)'이란, 두 가지
     의미로 해석해볼 수 있다. 하나는 '자기 위치를 상실한 이성'의 경우
     이며, 다른 하나는 위에서 말한 '분명하지 않은 혹은 확신 없는 결
     정을 내리게 되는 이성'이라고 할 수 있다. 전자의 예로는 궤변론자
     들을 들 수 있는데, 이들은 이성의 법칙이 존재(실재)의 법칙들에
     서 주어지는 것임에도 이성이 실재를 임의로 구성하고자 한다는 오
     류를 범했다. 즉 "한 번 앞서 간 거북이를 결코 토끼는 앞지를 수 없
     다"는 식의 궤변은 공간과 시간의 법칙을 무시하고 오직 논리적 사
     유만을 적용할 때 발생하는 오류이다. 다시 말해 공간과 시간이라
     는 실재의 법칙을 무시하고 오직 '논리적 법칙' 아래 '실재'를 구속
     하는 것이며, 이는 이성이 존재의 일부임에도 불구하고 이성이 존
     재를 포괄하고 있다고 믿는 오류이다. 후자는, 확신이 없는 결정은
     그 자체 오류는 아니지만 오류의 가능성을 항상 내포하는 경우로서
     진리에 대한 분명한 확신이 없이 선택하고 규정하는 의식을 말하는
     것이다. 이렇게 헤매는 의식들은 신의 법정에서 자신을 증언하지
     못할 것이라고 말하는 것은, 자기 스스로 참인지 거짓인지를 확신
     할 수 없거나 오류에 빠져 진리의 확실한 척도를 지니고 있지 못하

고 있기 때문이다. 토마스는 이 경우 판단은 오히려 자연법에 의존하게 된다고 하는데, 이는 모든 인정법lex humanae은 자연법lex naturae으로부터 발생한다는 그의 신념에 의한 것이다.

91 (옮긴이주) "의식이 측정된 척도"라는 표현은 참으로 흥미로운 관점이다. 이는 다시 말해서 우리가 일반적으로 인정하고 있는 상식적인 진리들이 그 어떤 것으로부터 측정된 것이며, 이 어떤 것은 곧 '양심'과 '앎들'이라는 것이다. 이 측정된 것을 기준으로 우리의 행위를 결정하는 것이다. 따라서 양심으로부터 어떤 것이 일차적으로 판단될 때에는 오류가 없지만, 이러한 판단들로부터 새로운 하나의 척도(의식)가 발생할 때 여러 가지 이유─잘못된 추론, 거짓 정보, 복잡한 상황, 서로 다른 관습, 불확실한 학문적 앎 등─로 인해 오류가 발생할 수 있는 것이다. 이러한 것은 문화적 상대주의에 대한 하나의 근거가 될 수 있다.

92 (옮긴이주) 한글 번역본《성경》에서는 "악인의 기대는 무너지고 만다"라고 번역되어 있다.

93 (옮긴이주) 라틴어의 'ligo'라는 동사는 연결하다, 강제하다, 구속하다, 의무를 부과하다, 모으다, 감싸다, 꾸미다 등 여러 가지 의미를 지닌다. 여기서는 인간적인 행위들이 '의식'에 의해서 '강제되다', '구속받다', 혹은 '의무를 지니게 되다'는 등의 의미로 사용되고 있다.

94 (옮긴이주) 모든 진정한 충고란 권유하는 것을 의미하며, 행위자는 충고를 감안하기는 하겠지만 행위의 결정은 자유의지에 의해 이루어지기 때문이다.

95 (옮긴이주) 예를 들어 나에게 명령을 내릴 수 있는 사람은 나보다 상위의 직책을 가진 사람인 것처럼, 육체에게 명령을 내리는 것이 정신이지 정신에게 명령을 내리는 것이 육체는 아니다.

96 (옮긴이주) 여기서 쉽게 당시 법정의 풍경을 상상할 수 있다. 죄를
    사해주는 법관은 죄인에게 '보속'을 내린다. 즉 누구에게 보속을 줄
    수 있는 사람은 '죄를 사하는 사람'인 것이다.

97 (옮긴이주) 위 1번의 견해와 마찬가지로 이러한 견해에서 의식이란
    사실상 양심을 의미하는 것이라고 보아야 할 것이다. 아니면 최소
    한 양심과 밀접하게 연관되어 있는 의식이라고 해야 할 것이다.

98 (옮긴이주) 여기서 '조건부 필연성'이란 한마디로 '어떤 것을 얻기
    위해서는 반드시 어떤 것을 하지 않으면 안 되는, 즉 필연적으로 그
    것을 해야만 하는 그러한 필연성'이다. 이러한 필연성은 '그것을 할
    수도 있고 안 할 수도 있는' 선택의 문제가 아니다. 만일 그렇다면
    필연성이라고도 할 수 없을 것이다. 여기서 문제가 되는 것은 어떤
    목적을 반드시 추구해야만 하는 것이며, 또한 그 목적 때문에 반드
    시 무엇을 해야 하는 경우이다. 가령 생명을 유지해야 하는 것, 행복
    을 추구해야만 하는 것 등일 수 있다. 이 경우 반드시 해야만 하는
    이유가 '하지 않으면 벌을 받아서'가 아니라 그것을 함으로써 어떤
    선 혹은 목적fin을 얻을 수 있기 때문이다. 그리고 이 목적은 피할 수
    있는 선택사항이 아니다. 따라서 '조건부 필연성'의 법칙은 '순수한
    벌칙'으로서의 법칙의 개념을 제거시킨다. 이러한 개념이 일반 사
    회법에 적용된다면 법에 대한 긍정적인 차원의 개념, 즉 '벌칙'으로
    써 강제하는 법이 아니라 '선의 획득'으로써 강제하게 되는 그러한
    법의 개념이 도출되는 것이다. 법을 어김으로써 벌을 받는 것이기
    때문에 법을 지키는 것이 아니라 법을 지킴으로써 '목적(선)'을 획
    득하기 때문에 법을 지키는 것이다.

99 (옮긴이주) 《니코마코스 윤리학》 제5권 1(1129b 8), 7(1132a 17).

100 (옮긴이주) 계율이 이해를 통해서만 정신을 강제할 수 있다는 이러
    한 관점은 토미즘의 '자율 개념'을 말해주고 있다. 즉 어떤 것을 이

해하지 않고서 무조건 수용하고 따르는 것을 '맹신'이라고 한다면, 어떤 것을 이해하면서 내적인 동의를 통해서 이행하는 것을 '자율적인 행위'라고 한다. 진정한 믿음은 후자인 것이다. 불어에서는 전자를 '크로이양스croyance'라고 하고 후자를 '푸와foi'라고 한다.

101 (옮긴이주) 여기서 "의식이 우리의 행위를 강제한다"는 토마스의 사유를 간단히 요약해보면 두 가지 경우임을 알 수 있다. 하나는 '지행합일'의 정신에 의해서이고, 다른 하나는 신성한 계율에 의해서이다. 즉 윤리적 도덕적 영역에서 '무엇을 참으로 안다'고 하는 것은 아는 것을 실천할 수 있을 때이다. 다시 말해 윤리적 도덕적 영역에서 알고도 행하지 않는다는 것은 모르는 것과 같은 것이다. 따라서 진정 어떤 것을 안다면 이는 반드시 행하게 되는 것이다. 이를 바꾸어 말하면 '진정으로 의식한다는 것은 행위로 나타나는 때이다.' 따라서 유비적으로 말해 의식이 행위를 강제한다고 할 수 있는 것이다. 다른 한편 의식이 어떤 것을 안다고 할 때, 즉 어떤 것을 의식하고 있을 때 반드시 행위로 나아가는 경우는 의식보다 큰 어떤 힘(명령)이 있을 때이다. 이 경우는 어떤 신성한 계율에 대해서 의식할 때인 것이다.

102 (옮긴이주) 이 두 가지 의미의 충고란 한마디로 '의무적인 사항을 발견하게 해주는 것'과 '보다 나은 것을 알게 해주는 것'으로, 강제하는 정도에 의해서 구별된다. 예를 들어 전자는 '학생으로서 공부를 해야만 한다'는 충고일 것이며, 후자는 '배운 자로서 이웃에 봉사하는 것이 보다 낫다'는 충고가 될 것이다. 전자는 당연히 해야 하는 것을 알게 하는 것이지만, 후자는 '당연히 해야 하는 것이 아니라 하면 좋은 것'을 알게 하는 것이다.

103 (저자주)《니코마스 윤리학》제3권 8(1112b 20).

104 (옮긴이주) 왜냐하면 계율은 일종의 법으로서 '강제'하는 것이지 격

려가 아니기 때문이다.

105 (옮긴이주) 가령 살인을 한 사람이 자신의 살인 행위가 왜 정당하지 않은지에 대해 알지 못하면서 자신의 입장만을 내세우고 계속 '정당성'을 주장할 경우이다. 이때 '이러저러한 경우에는 살인을 해도 된다'는 그의 생각 자체가 일종의 죄, 즉 '사회적 죄'가 아닌 '종교적인 죄'에 해당하는 것이다.

106 (옮긴이주) 사태에 대해 알지 못하면서 범한 죄는 용서받을 수 있다는 이러한 경우는 '과실치사'일 수 있다. 즉 사람을 죽일 의도가 전혀 없었지만 무지로 인하여 '실수'로 사람을 죽였을 때이다. 결혼과 관련해서는 아마도 어떤 여성이 결혼을 했는지 안 했는지 전혀 알지 못하는 상태에서 그 여성과 친교를 나눌 때, 그 여성이 기혼자였다는 사실에 대한 '무지'가 그의 행위를 '용서받을 수 있는 것'으로 규정하는 경우이다.

107 (옮긴이주) 이와 동일한 주제를 다루고 있는 곳은 다음과 같다.《아리스토텔레스 주해서》II Sent. d. 39, q. 3, a. 3, Quodl. III, q. 12, a. 27 & VIII, q. 6, a. 15,《신학 대전》, 제1-2권, q. 19, a. 5.

108 (저자주)《침묵하는 자에 대항하여 *Contra Faustum*》XXII c. 27.

109 (옮긴이주) 그 이유는 의식이란 어떤 식으로든 양심과 밀접하게 연관되어 있기 때문이다. 즉 누구라도 양심의 가책 없이 나쁜 의식을 지속적으로 지닐 수는 없는 것이다. 바로 이러한 이유로 오류의 의식은 양심의 힘에 의해서 저항받게 될 것이며 우리를 강제할 수 없는 것이다.

110 (옮긴이주) 내적으로 나쁜 행위란, '나쁜 의도' 혹은 '악의적으로' 행하는 행위이다. 이는 나쁜 것인 줄 알지 못하고 하는 행위이거나, 나쁜 것인지 알지만 상황에 떠밀려 어쩔 수 없이 행하는 것과는 본질적으로 다르다.

111 (옮긴이주) '무관심한 행위'란 윤리적으로 중립적인 행위를 말한다.
즉 선도 악도 아닌 행위로서 의지가 개입되지 않는 행위라고 볼 수
있다. 그러나 이러한 행위는 추상적인 개념으로서는 가능하지만,
의도가 개입되는 윤리적인 행위에서는 있을 수 없는 행위라고 볼
수 있다. 즉 인간의 의지가 개입되는 모든 윤리적 도덕적 행위는 그
자체 정도의 차이를 지니면서 '선'하거나 '악'할 수밖에 없는 것이
다. 본 역서에서는 이 용어를 경우에 따라 '무관심한' 혹은 '중립적
인'으로 번역하고 있다.

112 (옮긴이주) 여기서 자연적인 이성이란 '양심' 혹은 '양심을 동반한
이성'이다.

113 (옮긴이주) 이는 특히 도덕적인 영역에서 그러하다. 도덕적으로 무
관심한 행위란 긍정도 부정도 하지 않는 것으로, 미래의 행위가 어
떻게 될 것인지는 항상 '우연적'인 것이다.

114 (옮긴이주) 토마스 아퀴나스가 아우구스티누스의 이러한 관점을 동
일하게 참고하고 있는 것은 《신학 대전》 제1-2권, 질문 109의 a. 8
에서이다. 아우구스티누스의 이러한 사고는 〈영혼의 내성에 관하
여De duabus animamus〉(c. 10 & c. 11)와 〈자유의지에 관하여De libero
arbitrio III〉(c. 18)에서 참조한 것이며, 여기서 아우구스티누스는 펠
라기우스파의 관점을 논박하고 있다.

115 (옮긴이주) 이는 가령 위선적인 행위의 경우이다. 고아나 과부에게
자선을 베푸는 행위는 그 자체 '선한 행위'겠지만, 만일 이것이 그들
을 배려한다는 의식에 의한 것이 아닐 때 이는 자신의 명예나 다른
이익을 위해서 행하는 것이므로 오히려 '악한 행위'라고 볼 수 있다.
따라서 이 경우 죄의 개념은 종교적 의미의 죄, 즉 고백성사를 보
아야 하는 것으로서의 죄라고 할 수 있다. 이러한 위선적인 행위가
'죄'라고 할 수 있는 이유는 '양심의 소리에 반하는 행위'이기 때문

이다.

116 (옮긴이주) 당시 이스라엘 민족에게 '할례 문제'가 중요한 이유는, 할례를 받는 것이 유대인들에게 있어서는 계율을 지키는 것의 상징적인 의례이기 때문이다. 따라서 '계율'을 통해 구원을 받는다고 생각하는 사람에게 있어서 할례를 지킨다는 것은 절대적인 것이다. 그러나 '그리스도의 은총'을 통해서 구원을 받는다고 생각하는 사람에게는 할례를 고집하는 것이 그리스도를 통한 구원을 부정하는 것이 된다. 바로 이 때문에 바오로 사도는 "할례를 고집하는 사람은 나머지 모든 계율들도 남김없이 지켜야만 한다"고 비판하고 있는 것이다.

117 (저자주) 《정통신앙에 관한 교의》 IV c, 22(P. G. 94. 1200 A).

118 (옮긴이주) 여기서 우리는 토미즘의 '낙관론적 특성'을 볼 수가 있다. 비록 의식이 오류에 빠질 수 있다고 하나 이 오류는 언젠가 교정될 수 있으며, 의식이 존속하는 한 이 의식은 올바른 길을 발견할 것이고 우리에게 올바른 의무를 부과해줄 것이라고 말하고 있기 때문이다. 그러나 이러한 토마스 아퀴나스의 사고는 단지 '낙관론적 사유'인 것만은 아니다. 왜냐하면 그가 말하는 이 의식은 '사유하는 혹은 이해하는 의식'과 '도덕적 의식' 모두를 염두에 두고 있거나 최소한 이 두 의식이 밀접한 연관이 있는 것으로 보고 있기 때문이다. 그리고 이 두 의식들 모두에게 있어서 선악 판단의 제일원리는 '양심'이며, 양심은 토마스에게 있어서 결코 소멸하거나 그 본질이 변질될 수 있는 것은 아니기 때문이다. 그러므로 인간의 의식이 남아 있는 한 이 의식은 (양심에 의해서) 언젠가는 본성을 회복하고 선한 것과 올바른 것을 파악할 수 있다고 보고 있는 것이다. 이러한 의미에서 토마스의 인간관은 맹자의 성선설과 유사하다고 할 수 있다.

119 가령 예술을 사랑하기에 음악을 즐겨 듣는 사람은, 예술은 본질적

으로 사랑하는 것이며 음악은 우연적으로 사랑하는 것이다. 왜냐하면 이 사람은 음악 대신 미술이나 조각을 사랑할 수도 있을 것이며, 필연적으로 음악을 사랑하는 것은 아니기 때문이다.

120 (옮긴이주) 토마스 아퀴나스는 이러한 주제를 《신학 대전》 제1-2권 (q. 26, a. 4)에서 보다 깊게 전개하고 있다.

121 (옮긴이주) 오류의 이성이 우연적으로 올바른 이성을 벗어난다는 것은, 그가 모든 것에 있어서 오류를 범하고 있다는 것이 아니라 어떤 특정한 사안들에 대해서만 오류를 범하고 있다는 것이다. 이 경우 어떤 때에는 올바른 이성에 일치하는 행위를, 어떤 때에는 올바른 이성에 적합하지 않은 행위를 하게 되는 것이다. 나아가 동일한 사안이라고 하더라도 그 사안에 관한 진리의 확신이 없다면 경우에 따라서는 올바른 것을, 경우에 따라서는 올바르지 않은 것을 선택할 수도 있는 것이다. 즉 그의 행위가 진리를 선택하건 오류를 선택하건 그것은 일종의 우연적인 사태인 것이다.

122 (옮긴이주) 어떤 죄를 지은 사람에게 있어서 그의 죄의 원인이 '사태에 대한 무지'라면 죄의 변명이 될 수 있으나, '법에 대한 무지'라면 변명이 될 수 없다는 이러한 사유는 날카로운 분석이다. 법이란 반드시 알아야 하는 공적인 것이지만, 상황에 대한 이해는 반드시 알아야 할 공적인 것은 아닌 것이다. 가령 공직자가 반드시 알고 있어야 할 법률적인 것을 알지 못했을 경우, 그의 무지는 법을 어긴 죄에 대한 변명이 될 수 없다. 그러나 만일 어떤 사람이 지니고 있는 질병 등에 대해 무지하여 그 사람에게 치명적인 손실을 입혔을 경우, 그의 무지는 '그의 실수'에 대한 변명이 될 수 있는 것이다.

123 (옮긴이주) '중립적인 행위' 중에 대표적인 것이 찬반 투표에서 기권하는 것이다. 기권이라는 행위는 찬성도 반대도 하지 않는다는 의미에서 이 양자의 중간 지점에 위치하고 있다. 이는 이 내용 자체에

대해서 '관심을 가지지 않음'을 표명하고 있는 것이다. 그러나 다루어지는 사안이 '계율' 아래에 놓여 있다고 믿게 된다면, 즉 신앙인으로서 혹은 민주 시민으로서 반드시 해야만 하는 어떤 행위에 관련되어 있다고 믿게 된다면, 이미 이 사람은 이 주제에 대해서 무관심한 것이 아니며 중립적인 것도 아니다. 즉 그는 어떤 식으로든 '찬반'을 선택할 수밖에 없는 것이다. 만일 그렇게 믿으면서도 기권을 고집한다면 그는 일종의 직무유기를 하고 있는 셈이 된다. 즉 그는 그의 양심의 명령을 회피하는 것이다. 물론 경우에 따라서는 기권 자체가 일종의 신념의 표현일 수 있다. 이 경우는 이미 중립적 행위가 아닌 것이다. 이러한 사유는, '의도를 가지는 행위'는 항상 '선악'의 특성을 가질 수밖에 없다는 토미즘 사유의 특징이다.

124 (옮긴이주) 여기서 말하고자 하는 것은 비록 '오류의 의식'이지만 항상 나쁜 명령을 내리는 것이 아니라 올바른 계율을 지켜야 한다고 명령할 수 있다는 것이다. 예를 들어 나쁜 가치관을 가진 사람이라 하더라도 살인은 하지 말아야 한다는 명령을 내릴 수 있으며, 이 경우 이를 지키지 않을 때는 죄를 범하게 된다는 것이다. 즉 오류의 의식도 우리를 '강제할' 수 있는 것이다.

125 (옮긴이주) 일반적으로 가톨릭의 전통에서 수도자나 성직자는 수도자가 되거나 성직자가 될 때 자신의 장상(상관)에게 순명할 것을 서약하며, 이 서약의 의무는 절대적인 것이다. 그리고 이러한 전통은 오늘날 여전히 지속되고 있다. 그럼에도 불구하고 토마스 아퀴나스는 '양심의 명령'과 '장상의 명령'이 대립되는 상황에서 어느 것을 따라야 하는가에 대해 진지하게 다루고 있다. 일반적인 수도자들의 경우라면 이러한 상황을 가정한다는 것 자체가 하나의 회피하고 싶은 사안이지만, 굳이 토마스가 양심에 관한 논의의 마지막에 이러한 문제를 제기하고 있다는 것은 의미심장하다. 아마도 그 이유는

그가 45세 되던 1270년에 파리 교회로부터 '근본적인 아리스토텔레스주의자'라는 오명으로 단죄받았기 때문일 것으로 짐작된다. 그는 이 단죄 사건 이후에 여전히 《신학 대전》 제2-1권과 《진리론》, 그리고 아리스토텔레스의 《형이상학》 주해서의 집필을 계속 이어갔으며, 이후 《신학 대전》 제3권과 〈니코마코스 윤리학 주석〉, 〈정치학 주석〉 등도 계속 진행하였기 때문이다. 즉 그는 파리 교회의 단죄에도 불구하고 자신의 학문적인 연구를 지속해야만 하는 상황에서, 그 스스로 자신의 학문적인 연구에 대한 분명한 정당성을 가지기 위해서 "'고위 성직자'의 명령과 '양심의 명령'이 대립될 때에는 양심의 명령을 따라야 한다"고 분명하게 논증하고자 한 것이다.

126 (옮긴이주) '무관심한 행위' 혹은 '중립적인 행위'란 도덕적으로 '선악'을 판단할 수 없는 행위이거나, 혹은 나의 의식적 판단이 개입되지 않은 어떤 사안에 대한 행위를 말한다. 따라서 이러한 행위는 엄밀히 말해 '행위'로 나타나는 것은 아니다. 왜냐하면 도덕적인 행위가 겉으로 드러날 때는 이미 정당성 혹은 당위성이라는 자신의 행동에 대한 어떤 판단을 전제하기 때문이다. 가령 낙태를 감행하는 의사의 경우 비록 낙태 자체에 대한 선악의 판단이 전혀 없이 순수하게 의료 행위로서 낙태 시술을 한다 하더라도, 어떤 방식으로든 자신의 행위 그 자체에 대한 정당성을 가지고서 낙태 시술을 한다는 의미에서 이미 '중립적인 행위'는 아닌 것이다. 따라서 여기서 '중립적인 행위'란 행위로 나타나지 않는 '내적인 영역'이거나, 혹은 아직 선악에 대한 판단이 불가능한 어떤 새로운 영역의 행위이기에 양심의 판단이 불가능한 행위들이라고 할 수 있다.

127 (옮긴이주) 여기서 '장상'이라고 번역된 라틴어의 'praelector'는 일반적으로 수도원에서 '스승' 혹은 '상관'을 의미한다. 그리고 종교적 영역에서 자신의 업무나 신앙에 대해서 법적 도의적 책임을 지고

있는 사람을 말한다. 그러나 토마스는 이 용어를 '종교적 영역에서 보다 상위적인 권위를 가진 윗사람'이라는 보다 넓은 의미로 사용하고 있다. 본 역서에서는 상황에 따라서 '장상', '고위 성직자', '상관', '상사' 등으로 번역하고 있다.

128 (저자주) 롬바르드의 주석(P. L. 191, 1505 B).

129 (저자주) 롬바르드의 주석(P. L. 191, 1679 C).

130 (옮긴이주) 여기서 토마스가 사용하고 있는 '의식conscientia'의 개념은 양심synderesi의 원리를 그 제일원리로 하는 '도덕적 의식'이라고 보아야 할 것이다. 여기서 사용하는 의미는 '양심'의 의미에 보다 가깝기에 '양심'이라고 번역하여도 무방하다. 이 때문에 이하 '양심'으로 번역했다.

131 (옮긴이주) 토마스는 '양심은 윤리적 판단에 있어서 결코 오류를 범할 수 없다'고 말하고 있다.

132 (옮긴이주) '장상의 명령'을 판단할 수는 없지만 명령을 이행하는 '자신의 소임'에 대해서는 판단할 수 있다는 토마스의 사유는 참으로 명쾌하다. 오늘날 그리스도교인들 중 많은 사람들은 여전히 '장상의 명령'은 곧 '하느님의 뜻'이라는 확신을 가지고 있다. 비록 그 명령이 아주 불합리한 것이라고 하더라도 "하느님의 뜻은 인간의 머리로 헤아릴 수 없다"는 〈시편〉의 말씀을 근거로 그 불합리한 장상의 명령을 하느님의 뜻으로 믿고 있다. 그리고 "은총은 자연적인 법칙을 통해서 도달한다"라고 토마스가 말하듯, 많은 경우 이러한 것이 진리인 것도 사실일 것이다. 그러나 '장상의 명령'은 곧 '하느님의 뜻'이기에 절대적으로 틀리지 않는다는, '무오성'에 대한 이러한 생각은 잘못이다. 장상도 인간인 한 오류를 범할 수 있다. 그러나 아랫사람은 장상의 명령이 올바른 것인지 잘못된 것인지를 판단할 권리가 없다. 왜냐하면 장상이 판단하는 상황에 대한 이해를 아랫

사람이 동일하게 이해할 수가 없기 때문이다. 그리고 그가 양심적으로 판단하고 있다면 선임자는 언제나 후임자보다 현명한 결정을 내릴 것이기 때문이다. 그런데 아랫사람이 판단을 내릴 수 있는 것은 명령을 수행하는 '자신의 소임' 그 자체에 있어서이다. 왜냐하면 소임을 직접 수행하는 사람 외에 그 소임에 대해서 더 잘 알 수 있는 사람은 없기 때문이다. 그 소임의 결과가 '평화와 기쁨'을 산출한다면 그것은 옳은 일일 것이다. 그러나 '갈등과 가책' 혹은 '괴로움과 고통'만을 낳는다면 그것은 옳은 일이 아닐 것이다. 누구라도 자신의 양심에 따라서 자신의 일을 진지하게 검토할 수 있다는 것은, 양심을 가진 인간의 권리이자 의무인 것이다. 이러한 토마스의 사유는 도덕적 인간으로서의 인간의 존엄성이 어디에 있는지를 말해주고 있다.

더 읽어야 할 자료들

1. 입문서 및 소개서

요셉 피퍼, 《토마스 아퀴나스, 그는 누구인가》(분도출판사, 2005)

토마스 아퀴나스의 작품과 생애를 소개하는 이 책은 대학의 교양 강좌
를 위한 책이다. 토마스 아퀴나스에 대한 역사적이고 전기적인 사실에
입각해 개략적인 윤곽을 제시하고 있다. 토마스 아퀴나스를 그리스도교
문화의 보편적 스승으로 빛나게 하는 사상적 맥락을 정확하게 부각시키
고자 했다. 중세철학이나 토마스 아퀴나스를 처음 접하는 초심자들에게
유용한 책이다.

장욱, 《토마스 아퀴나스의 철학, 존재와 진리》(동과서, 2003)

토마스 아퀴나스의 사상을 포괄적으로 소개하고 있는 책이다. 그의 철
학 체계와, 이러한 체계를 구성하기 위한 원리들, 그리고 그의 인식론,
형이상학, 인간학, 윤리학, 사회철학과 미학 등 철학의 전 분야를 아우르
는 조망을 보여주고 있다. 토마스 아퀴나스를 처음 접하거나 토마스 아
퀴나스 사상을 전공하고자 하는 철학도들에게 유용한 책이다.

이나가키 료스케, 《토마스 아퀴나스 '신학 대전' 새로 알기》(가톨릭출판사, 2011)

이 책은 일본의 이나가키 료스케 교수가 저술한 입문서로, 이해하기에 어려웠던 《신학 대전》의 전체적인 사상 체계를 명료하게 설명하고 있다. 《신학 대전》의 구조와 논의에 대한 전개뿐만 아니라, 《신학 대전》과 토마스 아퀴나스에 대한 편견이나 허상, 의외의 이야기 등을 만나볼 수 있다.

2. 토마스 아퀴나스의 저작

토마스 아퀴나스, 《유와 본질에 대하여》(바오로딸, 2011)

이 책은 토마스 아퀴나스가 쓴 최초의 단행본 《존재와 본질 *Esse et Essentia*》을 번역한 것이다. 이 책은 토마스 아퀴나스의 전 사상에서 기초가 될 존재와 본질, 실체와 우유 등의 형이상학적 개념들을 설명하고 있다.

토마스 아퀴나스, 《신학 대전 제1권》(바오로딸, 2002)

토마스 아퀴나스의 《신학 대전》 첫째 권으로, 신존재에 관한 책이다. 총 12개의 문항에서 신의 존재와 신의 속성들에 대해서 다루고 있다. 비록 신학적 주제들이지만 그런 주제들을 아리스토텔레스의 형이상학적 원리나 명제들을 통해서 다루고 있기에, 이 책을 통해 《신학 대전》의 구성이나 원리에 대해서 잘 알 수 있다.

토마스 아퀴나스, 《지성 단일성》(분도출판사, 2007)

이 책은 지성 단일성을 주장한 아베로에스주의자들에 대한 토마스 아퀴나스의 비판을 담고 있는 책이다. 아리스토텔레스 주석가인 아베로에스는 지성을 개별적 인간 영혼에서 분리 독립되어 존재하는, 모든 인간에게 공통된 단 하나뿐인 실체라고 해석했는데, 이는 영혼의 개별적 불멸성과 사후 형벌에 대한 그리스도교 믿음에 위배되는 것이었다. 인간의 본질이나 영혼 등에 관심이 있는 이들을 위한 전문적인 도서라고 볼 수 있다.

토마스 아퀴나스, 《삶의 의미와 질서를 가르쳐주는 토마스 아퀴나스 명언집》(누멘, 2010)

이 책은 토마스 아퀴나스의 주요 작품들에서 중요한 철학적 명제나 명언이라고 생각되는 것을 주제별로 모아 번역한 것이다. 주제들의 순서는 일반인들이 토마스 아퀴나스의 사유를 이해하는 데 쉽게 접근할 수 있도록 배열되었다. 삶의 지침서를 찾는 신앙인이나 일반인, 그리고 대학 과제물에서 인용구를 필요로 하는 학생들에게 유용한 책이다.

3. 토마스 아퀴나스의 철학적 주제를 다룬 책

김춘오, 《토마스 아퀴나스의 형이상학》(누멘 2009)

이 책은 '존재의 개념'을 중심으로 창조와 분유론 등 주로 신학적 주제를 철학적으로 다루고 있으며, 이 분유론에 대한 여타 토미스트들의 해석을 조망하고 있다. 토마스 아퀴나스의 존재론이나 신학에 관심 있는 이들에게 유용한 책이다.

요셉 라삼, 《토마스 아퀴나스 : 존재의 형이상학》(누멘, 2009)

프랑스의 현대 토미스트들의 책을 번역한 것으로, 원어 제목은 "La Metaphysique de Saint Thomas"이다. 이 책은 토마스 아퀴나스의 '존재 개념'을 중심으로 '신존재 문제'와 '실존과 본질의 문제', 그리고 '인간의 행위'에 대한 문제를 다루면서, 현대철학의 제 문제들을 이러한 존재 문제로 해명하고자 하는 책이다. 아리스토텔레스의 형이상학적 제 개념들을 이해하고, 토마스 아퀴나스의 개념들을 보다 분명하게 이해하고자 하는 독자들에게 유용한 책이다.

로버트 배런, 《토마스 아퀴나스가 가르치는 세계관과 영성》(누멘, 2011)

토마스 아퀴나스의 저술들을 인용해 그 안에 담긴 영적 통찰들을 쉽게 풀어주는 책이다. 토마스 아퀴나스의 신학, 그리스도론, 인간과 인격에 대한 이해, 창조에 관한 서정적인 신학을 통해서 그의 영성을 드러내고 있다. 토마스 아퀴나스를 통해서 그리스도교 세계관을 이해하고자 하는 이들에게 도움이 되는 책이다.

이명곤, 《토마스 아퀴나스에게 듣는 인간학의 지혜》(역락, 2011)

토마스 아퀴나스의 인간학에 대한 이해를, 현대인의 삶에 실천적으로 도움이 될 수 있는 방향으로 다루고 있는 책이다. 즉 토마스 아퀴나스의 인간에 대한 이해가 '인간의 근본 문제와 현대사회가 안고 있는 다양한 문제에 빛을 제공하는 지혜'라는 것이다. 인간이 사유하는 존재라는 것에서부터 '알 권리'에 대한 이해를, 무한한 욕망을 가진 인간 본성으로부터 '이상적인 것을 추구하는 존재'에 대한 이해를, 근원적인 것과 궁극적인 것에 대한 갈망으로부터 '형이상적 존재'에 대한 이해를 도모하고 있다. 항상 선택의 기로에서 망설이는 존재, 갈등하는 존재, 구원을 갈망하는 존재로서의 인간에 대한 이해를 돕는다. 행복한 한국 사회를 걱정하는 모든 이에게 유용한 책이다.

4. 양심에 관한 책

머레이 스타인, 《해의 양심과 달의 양심: 도덕성 준법성 그리고 정의감의 심리학적 토대들》(철학과현실사, 2008)

심리학적 '양심'을 이해하는 데 도움을 줄 수 있는 책이다. 양심의 두 모습들, 즉 원리나 정의, 옳음의 측면인 해의 양심과, 상황이나 포용, 선의 측면인 달의 양심을 이해하는 데 많은 도움이 될 것이다.

조국, 《양심과 사상의 자유를 위하여》(책세상, 2007)

양심과 사상의 자유는 많은 연구와 토론이 필요한 법학의 중요한 주제임과 동시에, 이 자유의 결핍으로 인해 현실적으로 고통받는 사람의 고통 해소와 직접 관련된 실천적 주제이기도 하다. 이 책에서는 한국 사회에서 양심과 사상의 자유에 관한 의미가 제대로 이해되고 온전히 보장되고 있는지에 대한 질문을 던진다. 이를 통해 기존의 제도와 통념, 다수자의 목소리를 무조건 추종하는 것이 아니라, 자신의 양심과 이성에 따라 사고하고 행동할 때 사회 모순의 해소와 사회의 진보가 가능하다고 주장하고 있다.

5. 의식에 관한 책

앙리 베르그송, 《의식에서 직접 주어진 것들에 관한 시론》(아카넷, 2011)

프랑스의 생철학자 앙리 베르그송의 중요한 철학적 개념인 '지속'을 통해 베르그송의 철학적 입장을 확인할 수 있는 책이다. 이 책에서는 질과 양을 혼동함으로써 질적으로 다른 심리적 상태들을 양화하려는 정신물리학적 시도의 잘못을 비판하고, 그러한 혼동이 시간의 혼동에서 나오며 진정한 시간은 공간과는 완전히 다른 지속임을 밝히고 있다. 또한 지속 개념을 자유의 문제에 적용하여 문제 자체의 해소를 시도했고, 자유는 의식의 직접적 사실로 드러남에 대해 설명하고 있다. 베르그송의 사유는 현대적임에도 불구하고 '의식'에 관한 토마스 아퀴나스의 사유와 일치하는 점이 많으며, 특히 '의식은 그 자체 종합적인 인식'이라는 토마스 아퀴나스의 의식에 관한 사유를 발전시키는 데 도움을 줄 책이다.

루이 라벨, 《자아와 그 운명》(누멘, 2008)
이 책은 역사 속에 나타난 '인간의 자아의식'에 관한 16가지 철학적 주제를 다루고 있다. 이 책에서 루이 라벨은 자신이 언급한 16명의 철학자들의 사유 속에서 '자아의식'에 관한 것을 한 곳에 모아, 동일한 형이상학적 지평에서 논하고 있다. 이 책은 철학적인 독자들로부터 자주 요청되어 온 질문들에 대답하기 위한 것인 동시에, 이들 독자들과 동일한 관심을 가지고 있는 대중들에게 대답하기 위한 것이다. 토마스 아퀴나스의 의식에 관한 사유를 발전시키는 데 유용하다.

리처드 슈스터만, 《몸의 의식 : 신체 미학 솜에스테틱스》(북코리아, 2010)
이 책은 슈스터만 박사의 신체 미학 솜에스테틱스를 개괄하여 전달하는 책으로, 서양철학에서 중요한 사상가(푸코, 메를로퐁티, 시몬 드 보부아르, 비트겐슈타인, 윌리엄 제임스, 존 듀이)들의 생각을 슈스터만 박사의 독특한 해석과 분석을 통해 소개하고 있다. 이를 통해 '몸의 의식'을 향상시킴으로써 개인의 지식이나 행위, 즐거움을 얻는 데 도움을 줄 수 있음을 이야기한다.

이명곤 bosco4181@hanmail.net

경북대학교에서 서양철학을 전공하고, 리옹가톨릭대학(프)에서 토마스 아퀴나스 《영혼론》으로 석사학위를 취득하였으며, 파리 제1대학(판테옹 소르본)에서 토마스 아퀴나스의 '인간학과 영성'에 관한 주제로 〈철학박사 학위〉를 취득하였다. 대구 가톨릭대학에서 학술 연구교수를, 경북대학교에서 전임 연구원을 거쳐 현재는 국립 제주대학교의 철학과에 재직 중이다. 토미즘의 인간학과 도덕철학, 그리고 영성에 많은 관심이 있으며, 고·중세철학이 현대인들의 삶에 어떠한 빛을 줄 수 있는가에 대한 물음을 가지고 고·중세철학의 현대적 적용에 많은 관심을 가지고 있다. 고·중세철학, 예술철학, 종교철학, 비교철학 등을 강의하고 있으며, 근·현대 프랑스 철학자들의 사상도 꾸준히 연구하고 있다. 파리 제1대학에서 조형미술(한국화) 학사와 석사 그리고 미학석사 학위를 취득한 역자는 예술분야에도 꾸준한 관심을 가지고 있으며 영남미술대전의 초대작가(2014, 한국화부분)로 등단하기도 하였다.

저서로는 *La spiritualité réaliste d'après la philosophie de saint Thamas d'Aquin*(France, ENRT, 2004), 《토마스 아퀴나스 읽기》, 《키르케고르 읽기》, 《키르케고르 '이것이냐 저것이냐' 읽기》, 《토마스 아퀴나스에게 듣는 인간학의 지혜》, 《데카르트와의 1시간》, 《루소와의 1시간》, 《철학, 인간을 사유하다》, 《토미즘의 생명사상과 영성이론》, 《역사 속의 여성 신비가와 존재의 신비》, 《종교철학 명상록-성인들의 눈물》 등이 있으며, 번역서로는 《토마스 아퀴나스 명언집》, 《토마스 아퀴나스: 존재의 형이상학》, 《자아와 그 운명》, 《존재의 신비I》, 《키르케고르, 신앙의 개념》 등이 있다. 이외 국내 발표논문으로는 〈중세철학에서 내면성의 의미〉 외 프랑스철학, 예술철학, 종교철학에 관련된 약 40여 편의 논문이 있다.

진리론

초판 1쇄 펴낸날 | 2008년 11월 15일
개정 1판 1쇄 펴낸날 | 2019년 11월 10일

지은이 | 토마스 아퀴나스
옮긴이 | 이명곤
펴낸이 | 김현태
펴낸곳 | 책세상

서울시 마포구 잔다리로 62-1, 3층 (우편번호 04031)
전화 | 02-704-1251 (영업부) 02-3273-1333 (편집부)
팩스 | 02-719-1258
이메일 | bkworld11@gmail.com
광고제휴 문의 | bkworldpub@naver.com

홈페이지 | chaeksesang.com 페이스북 | /chaeksesang
트위터 | @chaeksesang 인스타그램 | @chaeksesang 네이버포스트 | bkworldpub

등록 1975. 5. 21 제1-517호

ISBN 979-11-5931-388-2 04160
    979-11-5931-221-2 (세트)

* 이 도서의 국립중앙도서관 출판시도서목록(CIP)은 서지정보유통지원시스템 홈페이지
(http://seoji.nl.go.kr)와 국가자료공동목록시스템(http://www.nl.go.kr/kolisnet)에서
이용하실 수 있습니다.(CIP제어번호 : CIP2019040557)

책세상문고·고전의 세계

- **민족이란 무엇인가** 에르네스트 르낭 | 신행선
- **학자의 사명에 관한 몇 차례의 강의** 요한 G. 피히테 | 서정혁
- **인간 정신의 진보에 관한 역사적 개요** 마르퀴 드 콩도르세 | 장세룡
- **순수이성 비판 서문** 이마누엘 칸트 | 김석수
- **사회 개혁이냐 혁명이냐** 로자 룩셈부르크 | 김경미·송병헌
- **조국이 위험에 처하다 외** 앙리 브리사크·장 알만 외 | 서이자
- **혁명 시대의 역사 서문 외** 야콥 부르크하르트 | 최성철
- **논리학 서론·철학백과 서론** G. W. F. 헤겔 | 김소영
- **피렌체 찬가** 레오나르도 브루니 | 임병철
- **인문학의 구조 내에서 상징형식 개념 외** 에른스트 카시러 | 오향미
- **인류의 역사철학에 대한 이념** J. G. 헤르더 | 강성호
- **조형예술과 자연의 관계** F. W. J. 셸링 | 심철민
- **사회주의란 무엇인가 외** 에두아르트 베른슈타인 | 송병헌
- **행정의 공개성과 정치 지도자 선출 외** 막스 베버 | 이남석
- **전 세계적 자본주의인가 지역적 계획경제인가 외** 칼 폴라니 | 홍기빈
- **순자** 순황 | 장현근
- **언어 기원에 관한 시론** 장 자크 루소 | 주경복·고봉만
- **신학-정치론** 베네딕투스 데 스피노자 | 김호경
- **성무애락론** 혜강 | 한흥섭
- **맹자** 맹가 | 안외순
- **공산당선언** 카를 마르크스·프리드리히 엥겔스 | 이진우
- **도덕 형이상학을 위한 기초 놓기** 이마누엘 칸트 | 이원봉
- **정몽** 장재 | 장윤수
- **체험·표현·이해** 빌헬름 딜타이 | 이한우
- **경험으로서의 예술** 존 듀이 | 이재언
- **인설** 주희 | 임헌규
- **인간 불평등 기원론** 장 자크 루소 | 주경복·고봉만
- **기적에 관하여** 데이비드 흄 | 이태하
- **논어** 공자의 문도들 엮음 | 조광수
- **행성궤도론** G. W. F. 헤겔 | 박병기
- **성세위언—난세를 향한 고언** 정관잉 | 이화승
- **에밀** 장 자크 루소 | 박호성
- **제3신분이란 무엇인가** E. J. 시에예스 | 박인수

책세상문고 · 고전의 세계

- **대중 문학론** 안토니오 그람시 | 박상진
- **문화과학과 자연과학** 하인리히 리케르트 | 이상엽
- **황제내경** 황제 | 이창일
- **과진론 · 치안책** 가의 | 허부문
- **도덕의 기초에 관하여** 아르투어 쇼펜하우어 | 김미영
- **남부 문제에 대한 몇 가지 주제들 외** 안토니오 그람시 | 김종법
- **나의 개인주의 외** 나쓰메 소세키 | 김정훈
- **교수취임 연설문** G. W. F. 헤겔 | 서정혁
- **음악적 아름다움에 대하여** 에두아르트 한슬리크 | 이미경
- **자유론** 존 스튜어트 밀 | 서병훈
- **문사통의** 장학성 | 임형석
- **국가론** 장 보댕 | 임승휘
- **간접적인 언어와 침묵의 목소리** 모리스 메를로 퐁티 | 김화자
- **나는 고발한다** 에밀 졸라 | 유기환
- **아름다움과 숭고함의 감정에 관한 고찰** 이마누엘 칸트 | 이재준
- **결정적 논고** 아베로에스 | 이재경
- **동호문답** 이이 | 안외순
- **판단력 비판** 이마누엘 칸트 | 김상현
- **노자** 노자 | 임헌규
- **다수 문명에 대한 사유 외** 로버트 콕스 | 홍기빈
- **여성의 종속** 존 스튜어트 밀 | 서병훈
- **법학을 위한 투쟁** 헤르만 칸토로비츠 | 윤철홍
- **개인숭배와 그 결과들에 대하여** 니키타 세르게예비치 흐루시초프 | 박상철
- **법의 정신** 샤를 루이 드 스콩다 몽테스키외 | 고봉만
- **에티카** 베네딕투스 데 스피노자 | 조현진
- **실험소설 외** 에밀 졸라 | 유기환
- **권리를 위한 투쟁** 루돌프 폰 예링 | 윤철홍
- **사랑이 넘치는 신세계 외** 샤를 푸리에 | 변기찬
- **공리주의** 존 스튜어트 밀 | 서병훈
- **예기 · 악기** 작자 미상 | 한흥섭
- **파놉티콘** 제러미 벤담 | 신건수
- **가족, 사적 소유, 국가의 기원** 프리드리히 엥겔스 | 김경미
- **모나드론 외** G. W. 라이프니츠 | 배선복